父母成熟了
孩子才优秀

李玲瑶 孙爽 著

台海出版社

图书在版编目（CIP）数据

父母成熟了 孩子才优秀 / 李玲瑶，孙爽著.

北京：台海出版社，2025. 7. -- ISBN 978-7-5168

-4238-6

Ⅰ. G78

中国国家版本馆 CIP 数据核字第 20253AW490 号

父母成熟了 孩子才优秀

著　　者：李玲瑶　孙爽

责任编辑：陈国香　　　　　　　　封面设计：柏拉图设计

出版发行：台海出版社

地　　址：北京市东城区景山东街 20 号　邮政编码：100009

电　　话：010-64041652（发行，邮购）

传　　真：010-84045799（总编室）

网　　址：www.taimeng.org.cn/thcbs/default.htm

E - m a i l：thcbs@126.com

经　　销：全国各地新华书店

印　　刷：文畅阁印刷有限公司

本书如有破损、缺页、装订错误，请与本社联系调换

开　　本：787 毫米 ×1092 毫米　　1/16

字　　数：231 千字　　　　　　　印　　张：17

版　　次：2025 年 7 月第 1 版　　印　　次：2025 年 7 月第 1 次印刷

书　　号：ISBN 978-7-5168-4238-6

定　　价：68.00 元

自从我的女性修养书《女人的成熟比成功更重要》在 2011 年荣获大学出版社优秀畅销书一等奖后，我经常被邀请给高校企业家班和 EMBA 班、社会团体、妇联等机构讲授女性修养的课程，其中就涉及家庭教育方面的内容。我开始对这个领域有了更多的关注和更深的思考。

我自己生养了三个孩子。他们都对自己有责任心，对别人有爱心，并乐观、进取、自信、热心公益。在我看来，真正的家庭教育，是父母不过度教育，给孩子留下自我教育的宽阔空间。然而，社会上不乏这样的父母：要么对孩子教育过度，要么对孩子教育缺失。而在这种家庭环境中成长的孩子，往往存在或大或小的问题。

不少父母过于急切地想要孩子成功。他们担心孩子"输在起跑线上"，从胎教、学前教育时期就开始对孩子大力培养。然而，这种揠苗助长、急功近利的教育态度和方式，歪曲了教育的本意。

父母逼着孩子永无止境地学习，在不得喘息的竞争当中，过度重视考试分数和成绩，导致孩子在患得患失中产生许多心理问题，诸如不自信、有挫败感、妒忌心强、厌学等。同时，这也造成很多孩子高分低能、缺乏竞争力、道德缺失等。一元化的成功标准使父母们变得焦虑、短视、狭隘甚至残忍，这种爱的"凌迟"扭曲了教育的本质——"不是要为你提供一块敲门砖，而是要将你本人烧成一块敲门砖"。这种高强度的、分数至上的教育模式，不仅使得孩子们身心受到巨大摧残，才智和能力受到莫大制约，也使得教育的核心价值被功利主义磨灭。之所以导致这样的结果，和父母们心态不成熟有关。父母成熟了，孩子就更容易成才。

那么，父母的成熟体现在哪些方面呢？首先，应懂得尊重孩子的个性、意见、隐私和选择权；其次，和孩子平等相处，不通过打击孩子的自尊来树立自己的权威；最后，不仅能够处理好自己与孩子的关系，也能妥善处理夫妻之间的关系、与其他家庭成员之间的关系，为孩子营造一个和谐的家庭氛围。

学校教育给孩子提供的是一般的关注，难以像父母这样与孩子密切接触并深入观察。再加上父母的权威性和引导性，因此孩子的个性、人格、人生观和价值观，均直接源于父母的言传身教、家庭氛围和家庭文化的传递。父母希望孩子将来有出息，人格教育是基石。父母不能陪伴孩子一辈子，品格却能指引他们一生。

有成就的人，不一定有很高的学历，也不一定是人群中最聪明的人，但肯定是意志力最强、最努力、最勤奋、不断对自己提要求、总有新追求的人；他们不仅知识面广，情商也高，热爱生活，懂得关爱、尊重和帮助他人。这样的人具备人格魅力，综合素质高。将孩子朝这个方向培养，塑造孩子的人格魅力和优良品格，应是家庭教育的核心。

父母的境界影响孩子未来人生的宽度。成熟的父母是懂得宽容和惩罚艺术的优秀父母。每个人均是在错误中学习成长的，犯错是每个孩子的权利。父母与其严禁孩子犯错，不如允许孩子犯小错，让他通过试错成长。惧怕犯错的孩子，将来注定平庸。

孩子犯错，只要不是品德上的错误，父母就不该给予太严厉的惩罚。要有宽容的态度，相信孩子有纠错的能力，并鼓励孩子主动承担责任。宽容是震撼人心的积极教育，能让孩子以更广阔的心胸来对待自己和别人的错。宽容是指对人宽容，而不是对错误行为宽容。孩子犯错后，父母用智慧和恰如其分的惩罚去教育他，这是一种爱的艺术。

成熟的父母懂得如何去纠正自己所犯的错误，并与孩子一同成长，完善自己。另外，父母与老师对孩子一定不能采用语言暴力，语言暴力是杀人不见血的利器，它对孩子的伤害有时比棍棒还可怕。

爱孩子被高尔基称为"连母鸡都会做的事"，但一旦加上教育的因素，就不那么简单了。教育是现状和我们所期待的未来之间的一座桥梁，而这座桥梁最早的建造者就是父母。父母希望孩子将来成功、成才，光有爱是不够的，还必须懂得如何正确地释放这种爱。

最重要的是在孩子幼年、少年时期帮助他构建自我，找出他个性中最突出的特点，发现孩子的天性是什么种子——是草，是花，还是树？是苹果树还是橘子树？然后因材施教，因势利导，修枝剪叶。也就是父母协助、鼓舞和唤醒孩子，点燃孩子的生命之火，使孩子感受到自己的存在价值，全力以赴地去追求属于自己的人生。

新世纪之争是人才竞争，人才竞争就是创造力之争和优势竞争。每个人均有自己与众不同的地方，父母应是孩子生命中的啦啦队队长和精神供氧者，协助孩子发现自己的优势，成为掌握自己未来命运的舵手。孩子考上名牌大学并不保证未来一定成功，还要看他的学习动机是否纯正，学习兴趣是否浓厚，自我学习的能量是否能够持续。成熟的父母应该协助孩子发现自己的优势，使之成为最好的自己。

孩子不是一个等待被填满的容器，而是一支能点燃的火把。所谓"人中龙凤"，往往是发现了自我，通过自我奋斗获取成功的人。人生是一场自我发现之旅，每一个人与生俱来有探索自己人生的权利，越早找到自我价值的人离成功越近。

父母对待孩子的态度有两个极端。一个极端是过度溺爱，对孩子的事总包办、总满足，全家都以孩子为中心，为他服务、张罗和忙碌到毫无原则的地步；另一个极端是过于专制，将自己没有实现的人生目标强加于孩子身上，不把孩子当成一个独立个体，对他百般干预，高要求、高期待。前者导致孩子自私自利，凡事以自我为中心，缺乏爱心和恻隐之心，没有远大理想和人生追求，长大之后成为没有一技之长的社会"寄生虫"。后者导致孩子受不了家庭高压，人格被严重扭曲，因为感觉不到父母的爱和自我价值，厌学甚至厌世，结果孩子不是"输"在起跑线上，而是"累死""被逼死"在起跑线上。

有些孩子成长到一定阶段后，由于达不到父母的要求，与父母反目，亲子关系恶劣，在极端的情况下还可能养成反社会型人格，甚至丧失生活希望和活下去的勇气。

再者，不少父母本末倒置，重视"物质"的满足，忽略"精神"的供给；重视"智"，忽略"德"和"体"；重视"赢"，忽略"输"；重视"学习成绩"，忽略"生活能力"；重视孩子的"过度需求"是否被满足，忽略孩子的"行为差错"是否被纠正；重视"硬成绩"，忽略"软实力"；重视采用"手段"（哪怕是错误的），忽略人生"目的"……把孩子本该享有的生活情趣和快乐心态全部抛到视线之外。

人生不是看起点，而是看过程和结果。中国有些老话，比如"不要起了个大早，赶了个晚集""欲速则不达""心急吃不了热豆腐"，都在提醒我们，教育是心智的开发，是潜移默化的渐进过程，急不得，成长贵乎自然。

教育应引导孩子具备成长动力与学习动力。如何将父母的爱转化为孩子的成长动力？这需要父母有正确的教育理念，即教育孩子应宽严有度：对孩子的才华与能力的要求要宽，对德行与责任的要求要严。实际上，孩子的未来就深藏在父母的爱和正确的理念中。爱是一种能力，只有通过学习才能获得。父母应构建"学习型家庭"，在孩子学习、成长的同时，父母也应终身学习。

爱是孩子成长的土壤，有时候狠心的爱才是爱，有节制的爱才是爱，有原则的爱才是爱，延迟满足孩子需求的爱才是爱。"深深爱、正确爱"，让孩子充满正能量；人生道路漫长，父母要"慢慢爱、耐心爱"，不要让孩子生活在催促声里；成才道路千万条，父母要"谨慎爱、长远爱"，孩子的人生才完整。陪伴儿女成长的岁月也是为人父母者人生中最重要的一段心路历程，所有的感情和付出，都承载着一种责任和神圣的使命。成熟的父母不是天生的，教育孩子是父母的第二次成长契机，我们要学习如何从自然型父母转变成智慧型父母。父母心态摆正了，方法用对了，孩子才更容易成功、成才。

父母成熟是孩子之幸，那么父母如何才能实现心智成熟，成熟又具体体现在哪些方面？本书共设十章，将深入探讨这一问题，阐述成熟父母的特质，揭示孩子的未来发展与父母心智成熟程度的密切关系。

第一章纠正一些教育理念上的偏差。第二章和第三章讲述家庭教育是孩子成才的真正起点，亲子关系好是教子成功的真正秘诀。有远见的父母会培养孩子的创造力，对世俗意义上的"成功"保持着警醒和适当的距离，鼓励孩子追逐内心热爱的事物，让他做"最好的自己"；成熟的父母拥有平常心，能够承受不从众的心理压力，同时擅长情绪管理，能用理性和审慎的态度对待孩子及自己的家长身份。

第四章教父母学会宽容，慎用惩罚。第五章教父母如何与青春期的孩子沟通、相处，把握好孩子成长过程中的这个重要节点。

　　创造力是孩子成才之源，是孩子未来立足于社会竞争时必需的能力。第六章讲了父母可以从哪些方面培养孩子的创造力和创新思维。

　　正确的价值观要从孩子小的时候就开始培养。第七章重点讲孩子的品行培养，父母应该赋予孩子平常心、责任心、自信心、上进心、爱心、同理心、感恩心。

　　挫折和困境会让孩子"长根"。第八章重点讲孩子遇到挫折时，父母如何引导。

　　第九章进一步阐释有爱的家庭环境对孩子人生的重大影响。如果孩子有爱好和兴趣陪伴，他们的人生会更加丰富、精彩。成功的家庭教育一定根植于愉快的生活氛围，希望父母们从这一章领悟到教育的真谛："教育即生活"。

　　培养子女成才还少不了财商教育，它将使孩子得到自信和能力，帮助孩子实现梦想。第十章将告诉父母如何对孩子进行理财教育。

　　这本书能顺利完成，首先要感谢与我共同执笔的孙爽女士。她是一位美丽、聪明、勤奋又自信的优秀女性。她已为人母，我们在教育理念上相当一致，当我提议我们共同完成这本书时，她欣然同意。我们一起讨论书的架构、内容和重点，我们分头阅读、收集资料，我们轮流撰写、修改、增减内容。这本书虽然是以"我"为名义写的，但她的大力协助和付出功不可没。

　　另外，我要感谢我的三个孩子，他们回忆自己成长过程中的点点滴滴，帮我丰富了这本书的部分内容。

　　最后，我更要感谢我的诸多学生，他们向我咨询和提出的问题，使我意识到父母对家庭教育方法的需求十分迫切，促进了我对教育问题的深入思考，最终推动了这本书的修订再版。

李玲瑶

目 录 / CONTENTS

Chapter 1
厘清当前教育的四大误区

Chapter 2

家庭教育是孩子成才的起点

Chapter 3

好的亲子关系是教育的根基

Chapter 4

接纳孩子的错，坦承自己的错

Chapter 5

探索陪孩子度过青春期的科学方式

Chapter 6

创造力是孩子成才之源

孩子的品行比成绩更重要

挫折是孩子成长的最好教材

Chapter 9
有爱好相伴，孩子的人生不寂寞

Chapter 10
成才路上不可少的财商教育

厘清当前
教育的四大误区

孩子感受不到父母的爱，往往是因为父母
的教育理念和教育方式错了。教育错了的
孩子将离智慧越来越远。

Chapter 1

父母是孩子的第一任老师，也是最重要的老师。家庭教育就是潜移默化、耳濡目染的过程。知识可以在学校学到，可是与孩子成长和成才密切关联的尊重他人、文明守礼、自律、感恩等人格教育，则需要父母在生活中一点一滴地言传身教，也需要温馨的家庭氛围加以熏陶。

　　家庭教育，本应是爱的教育，但有的孩子感受不到父母的爱，这是因为父母的教育理念与教育方式错了。教育错了的孩子将离智慧越来越远。父母在教育孩子的同时，自己也需要不断学习与成长。

误区1：信奉"不要输在起跑线上"

教育应该是逐渐加速的

俗话说"欲速则不达"，说的是一种生活哲理：**凡事不能操之过急，顺其自然、顺应规律、等待时机，往往是获得成功的最佳途径。**还有一个很浅显的道理：两点之间，直线最短，但事情的发展轨迹往往不是直线，而是曲线前进的。教育也是相同的道理。

在启蒙期，孩子为何不能过早学习知识？在生命的早期，大脑里好像有一个剪裁师，经常被刺激的神经元和突触会存活下来，而不经常被刺激的神经元细胞所连接的突触就会被修剪掉。过早集中学习知识、死记硬背，会让孩子的认知过早符号化，制约孩子想象力、创造力的发展，使其可塑性大大降低，还会让孩子的学习兴趣变淡，将来也容易厌学。

教育应该是逐渐加速的：孩子在幼儿园，不必急于学习专门的知识，而是学习一些做人做事的基本道理，学会与人相处，重要的任务是玩得开心；在小学，学习该学的基础知识，并养成好习惯；到了中学才开始进入跑步通道，但依然是慢跑；到了大学，开始对自己学习的东西产生浓厚的兴趣，才会进入快跑通道，更主动地去钻研学习。

如果孩子从幼儿园就开始"快跑"，很容易在中途精疲力竭、动力不强、后劲不足。在厌学的中小学生中，有一部分就是因为早期受教育过度、提前学习。

我听说有一个"神童"，4岁时就能认2000个汉字，能背110首古诗，会算100以内的加减法。上小学后，他在课堂上就不愿听讲了，因为内容他都会。但到了三年级，他发觉自己听不懂了，由于没有养成专心听课的习惯，他的成绩迅速下滑，产生挫败感，内心承受不起，一心想退学。

其实，"神童"是一种错误的叫法，与其叫"神童"，不如叫他们"早慧儿童"。这样的孩子智力发育比一般孩子早，但由于被大人过度开发，情商的培养往往被忽视，导致智商和情商的发展不均衡，逆商更是薄弱。同时，因为受到更多的关注和期待，他们的心理压力通常也比普通儿童大得多，但心理素质却跟不上，抗挫力和耐性远不及按部就班成长的孩子。有些孩子很脆弱，害怕失败，不敢尝试；还有一些孩子急功近利，比较浮躁。这样的性格会阻碍他们日后的发展，也不利于他们未来的日常生活和人际交往。

超前教育不可取，让孩子一开始就进入快跑通道，非常不人道。让孩子提前学习，违背了孩子心理、生理发育的特点，不符合学习的规律。春天开花，秋天结果，成长需要时间。一个人如果被剥夺了童年的快乐，这将是终身无法挽回的缺憾。小时候没有玩够的孩子，长大后也很难快乐。

人生像一场马拉松赛跑。马拉松全程42.195公里，比拼的是长跑能力。长跑更多是靠毅力和耐力，没有毅力和耐力，只靠抢跑赢不了。"不让孩子输在起跑线上"，这是精明的商家想出来的一句广告语，不是教育理念。教育不能操之过急，相应的阶段要做相应的事情。

适度早教，让孩子在玩中学

为了"不让孩子输在起跑线上"，太多的父母不知不觉中患上了"育儿焦虑症"。一位宝宝才三四个月大的妈妈打电话问我："到底有没有必要给孩子上早教课呢？"我说："早教其实是给父母上的，车马劳顿地把这么小的孩子折腾过去没必要，你买几本专业的书，上网多了解了解，自己在家教教就行了。"她在电话那头忧虑地说："可是别人的孩子都去，我怕输在起跑线上啊！"

没有父母不希望自己的孩子成才，在不知道怎样才能帮到孩子的时候，为了缓解自己的心理压力，"从众"就成了很多父母的选择。所以，尽管早教课程价格不菲，还是有越来越多的宝宝开始接受早教，甚至刚满月的孩子就躺在妈妈怀里上课了。但是，超前一步，领先一步，真的能胜人一筹吗？

孩子的天性不同，有的孩子早慧，有的孩子迟悟。父母如果忽视了孩子的天性，把教育的希望都放在外部知识的灌输上，这就是把劲儿用错了地方。教育是自然而然的事情，应该顺应孩子的成长规律，该走哪一步就走哪一步。人太急则无智，父母若心太急，把简单、自然的东西搞复杂了，最后钱没少花、力没少费，孩子却可能成了早教的牺牲品，这是一件特别划不来的事情。

3岁以下孩子的早教在家做就很好，用心的父母完全可以胜任。早教的重点不是知识的灌输，而是心灵的滋养、智慧的启迪。宽松自由、充满安全感的家庭是最好的课堂，游戏和玩耍就是教育内容，孩子可以在玩的过程中掌握各种能力。其实，孩子在愉快和谐的氛围中成长，他们耳濡目染就能接受到最好的启蒙教育。

孩子学前学什么？德行教育和素质教育并重。

首先是基本的社会常识及与人相处的规矩与规则。教育孩子的第一步，就是培养孩子在公共场所的教养和礼仪，让他们懂得尊重别人，以礼待人，比如在公众场所不大声说话等。

其次，培养孩子的动手能力，根据孩子的兴趣安排活动，让孩子在玩中学、学中玩。玩是学习知识的原动力。如果孩子在某些方面玩得出色，就要肯定他、鼓励他，让他有愉快感、胜任感，兴趣及自信心也会由此而生。教育家陶行知曾经说过："学什么不重要，重要的是其学习兴趣、学习乐趣和学习能力。学生有了兴趣，就肯用全部精神再去尝试，学与乐不可分。"人在做自己感兴趣的事情时会比较有活力，愿意下功夫，能够专注，也更容易坚持，大脑也因此得到锻炼。父母应该仔细观察孩子，找出他感兴趣的事。

养孩子是"慢工细活儿"

有专家指出，"儿时不竞争，长大才胜出"。童年的任务不是向外延展，而是向内积累。一个人内在力量强大，才能很好地把控自己，才能处理好自己和他人、自己和世界的关系，在人生旅程中掌握主动权。

当孩子的注意力被转移到各种"比"的事情上，他自我成长的力量就开始分散，而成功带来的盲目自大、失败带来的焦虑沮丧，会更多地消耗他的精力。如果孩子在童年就总处于相互攀比和斤斤计较的状态中，他的大格局从何而来呢？

教育孩子不是生产一个工业产品，不是父母设计好路线、抓紧时间教育就行的；父母更不能把对待工作的劲头用在孩子身上，一味强调效率、强调先机、强调竞争。教育更像农业，孩子像一颗种子，自有发芽、成长和成熟的时间。教育是一个"慢工"，是一个"细活儿"，是潜移默化的过程；教育的变化是缓慢、细微的，它需要生命的沉淀，需要深耕细作式的关注与规范。

"慢养育" 让孩子赢在终点

在这个什么都要"快"的时代里，"慢养育"是很有必要的。这个"慢"不是指时间上的"慢"，而是指父母在心态上要"慢下来"，不要强迫孩子，不能急躁，不要焦虑。孩子都是一天一天长大的，父母也是慢慢成熟的，不能一上来就给自己、给孩子特别大的压力。我不止一次在商场里见过父母对着几岁的孩子大吼大叫。一个才来到这个世界几年时间的孩子，他对一切都还是懵懵懂懂的，父母这样的态度，会让他的童年记忆里充满惶恐。

有一个比喻很有意思：养孩子就像赶乌龟过大山，要有足够的耐心才行。乌龟不想动的时候，你不能撇开它，而要站在一边等着，好言相劝；乌龟爬得慢的时候，你得不停鼓励它一直向前；乌龟哼哼哈哈、牢骚满腹的时候，你得洗耳恭听，出谋划策；乌龟跟你撒泼要赖、讨价还价的时候，你心里就算再生气也要忍住。乌龟喊腿疼，你就是医生；乌龟嚷肚饿，你就是厨师；乌龟要玩耍，你就是它的伙伴……

养孩子是一件需要耐心的事情。耐心包含了人类许多宝贵的东西：爱、尊重、责任、信念、智慧、毅力……孩子的成长是一个缓慢而渐进的过程，不管是身体发育，还是语言、认知、心态、行为、习惯等方面的发展，都需要时间，没有捷径可走。父母不能求一时的速度与效率，不能以孩子当下的表现妄下断语。相信和等待，这是父母应坚守的信念。

爱孩子，父母就要有耐心，让孩子慢慢成长；爱孩子，父母就要放慢脚步，跟着孩子的节奏，不要让孩子生活在催促声里。父母的责任是不打扰孩子的自我发展，在有条件的情况下给孩子适当的助推力。只有父母学会相信和等待，孩子才能走稳成长的每一步。父母不担心孩子输在起跑线上，孩子将来才有可能赢在终点。

误区 2：因无法常陪伴孩子而 过度给予其物质满足

不要挤压本应陪伴孩子的时间

在清华大学、北京大学做企业高管培训时，我多次问学生："每个月有一半以上时间回家吃晚饭的同学请举手。"每次只有一半左右的同学举手。我感到很疑惑：和孩子相处时间这么少，怎能了解孩子的生活和心理？孩子又怎么能感觉到父母的爱呢？

有一个故事打动过很多人。

夜晚，一位父亲拖着疲惫的身躯下班回到家里，发现 5 岁的儿子还没睡，正在等他。

"爸爸，我可以问你一个问题吗？"

"什么问题？"父亲有点不耐烦。

"你一小时可以赚多少钱？"

"这与你无关，为什么要问这个问题？"父亲有点生气。

"我只是想知道，请告诉我，你一小时赚多少钱？"

"假如你一定要知道的话，我一小时赚20美元。"父亲答道。

"哦，"孩子低下头，接着又说，"爸爸，可以借我10美元吗？"

父亲发怒了："如果你只是借钱去买那些无聊的玩具，现在就给我回你的房间去，好好想想为什么你这么自私。我每天长时间辛苦地工作，没时间和你玩小孩子的游戏！"

孩子安静地回到自己的房间并关上门。

过了一会儿，父亲平静下来，有点后悔自己刚才太凶了——或许儿子真的想买什么有用的东西。他走进儿子的房间："你睡了吗，孩子？"

"还没有，爸爸，我还醒着。"

"我刚才的语气太重了，"父亲说，"这是你要的10美元。"他边说边把钱递给了儿子。

"太好了！爸爸，谢谢你！"小男孩欢快地从枕头底下拿出一些零钱，慢慢地数着。

父亲疑惑地问："你不是已经有钱了吗，为什么还要？"

"因为我的钱还不够，但现在足够了。"小男孩回答，把手里的所有钞票一起递给父亲，"爸爸，现在我有20美元了，我可以买你一个小时的时间吗？明天请你早一点回家，我想和你一起吃晚餐。"

听到这个小男孩对父亲的请求，作为父亲或母亲的你，心里是什么感受？你是否也经常因为工作、应酬或其他事情，一再挤压本应陪伴孩子的时间？

　　没有父母认为自己不爱孩子，可是，孩子要的爱和我们给的爱真是一回事吗？当工作需要我们全身心投入甚至侵占属于家庭的时间时，又有几个人会为了陪孩子而放弃工作呢？

　　在这个快节奏、竞争激烈的时代，我很能理解父母的无奈。为了孩子有更好的未来，不少人都在努力打拼，积累财富。但是，钱是赚不完的，时间却是不可逆的。错过了孩子最渴望和你在一起的时光，当有一天你感觉赚够钱了，可以享受生活了，想拉着孩子好好说说话，想好好补偿一下孩子的时候，他可能已经不再需要你的陪伴了。缺憾就成了永远的遗憾，再也无法弥补。

　　与其把幸福寄托于将来，不如把握现在和孩子在一起的时光。有一句话说得好："亲人只有一次的缘分，无论这辈子我和你相处多久，也请好好珍惜共聚的时光。无论爱与不爱，下辈子都不会再相见。"希望这一句话能够点醒为了工作而忽视孩子的父母，不要为了"未来"而错失当下属于自己的幸福，不要只把家当成旅店，不要在追逐名利的过程中忽视了孩子。圆满的生命在于平衡，幸福的生活在于取舍。只有真正能平衡工作和家庭的父母，才能够为孩子创造幸福的家庭生活。

想要改变孩子，先得改变自己

　　一位父亲曾向我求助，说他做生意很累，太太做媒体工作很忙，孩子读书也很辛苦。很少有三个人都在家的时候，不是他出差，就是太太出差，平时应酬又多，保姆倒成了"主人"。他和太太只要同时在家，家里就会矛盾大爆发，他俩互相埋怨对方不顾家，又会联合起来"修理"孩子，抱怨孩子成绩差，不体谅父母的辛苦。但孩子嘴巴更"硬"，抨击他俩只考虑自己，居然还说什么"不在其位，不谋其政"。他很苦恼，问我应该怎么办。

我对他说："想要改变孩子，先得改变自己。解决你们家的问题，时间是关键。你们每一个人都被时间压得喘不过气来，没有透气的机会，一见面人人都成了'出气筒'。心理学家说，时间不宽裕的人，对别人就不宽容，不仅要求别人快、急，还要求别人满足自己的心意。你们平时没时间和孩子沟通，又一定要做出当家长的样子，所以只好拿成绩和名次来要求孩子，试图约束孩子的行为。但对孩子来说，父母失职还这样苛刻，他当然不会买账，家庭自然会爆发'战争'。"

父母为什么必须先改变自己呢？父母说自己工作是为了孩子，但想想孩子的感受，他连父母的面都见不着，怎么能相信父母是为了他在奔忙？孩子要的其实很简单，就是父母每天和他一起吃饭、散步、说说话，一起分享快乐、分担烦恼。所以，哪怕工作再忙，父母都要抽时间陪伴孩子，了解和关心孩子的情况。只有父母改变了，孩子才可能改变对父母的态度。

常常陪伴孩子会让孩子有强烈的家庭归属感。当每天回家推开门时，孩子就能看到父母的笑脸；当孩子憋了一肚子话想说时，父母就在他身边倾听；当华灯初上、万家灯火时，全家人能围坐在一起吃一顿可口的晚餐；当深夜来临，倦意袭来时，家中每一个人都能以平静和轻松的心情进入梦乡；当第二天太阳升起时，孩子和父母又能精神饱满地迎来新的一天，为各自的理想和目标而奋斗。愿这样幸福的场景在越来越多的家庭中出现，愿每一对父母都能从容智慧地面对生活。

让孩子学会等待与延迟满足

有的父母因为无法常陪伴孩子，愧疚之下，就会对孩子有求必应，甚至孩子没有要求，也给孩子过多的物质补偿。这样做，其实有百害而无一利。对孩子过度物质满足，容易让孩子变得不惜物、爱虚荣、喜攀比、自私，把父母给予的所有都视为理所当然，毫无感恩之心。对孩子欲望的满足，正确的做法是适当延迟满足。等待和忍耐，是每个人面临逆境时需要的能力。孩子的容忍力不是与生俱来的，而是父母在日常生活中慢慢培养起来的。

在日常生活中，当孩子想要什么时，父母可以适当地延迟一下再满足他，让孩子通过等待的过程学会忍耐。次数多了，孩子就会明白：我需要付出一定的时间、耐心才能得到这个东西。有些父母会担心：这样做是否会使孩子产生匮乏感？其实这取决于父母对孩子的态度。当孩子提出要求时，父母不能生硬地拒绝，而要温和、坚定地向孩子做出解释。孩子在等待的过程中，耐性得到磨炼；而在愿望被满足后，会倍感愉悦，体会到付出耐心是会有收获的。

相反，如果孩子要什么，父母立刻就满足，孩子就会形成"我要什么马上就能有什么"的思维定式，变得性格急躁、耐力差。一旦走出家庭进入社会，这种思维会令他们饱受挫折和打击，因为别人是不会对其有求必应的。有些人不会从自身找原因，反而觉得是别人跟自己过不去，总与周围人处于一种对峙状态，长此以往，很可能酿成忧郁、偏执等心理问题。

父母不即时满足，有助于增强孩子被拒绝后的心理承受能力，让孩子在坚持与努力中获得所期待的事物。延迟满足其实是对意志力和自控力的培养，被这样培养的孩子，长大后对挫折和拒绝的免疫力更强，未来成功的可能性更大。

　　一名 A 国的志愿者去做义工。到了目的地，下了卡车，他看到一个瘦骨嶙峋、衣不蔽体的小男孩朝他们跑来，顿时动了怜悯之心，转身就去拿了车上的物品向小男孩走去。这时，一名 B 国义工对他大喊："放下，你要干什么？"

　　A 国义工愣住了，他搞不懂 B 国义工的意思：我们不就是来做慈善工作吗？只见 B 国义工朝小男孩俯下身子，说："你好，我们从很远的地方来，车上有很多东西，你能帮我们搬下来吗？我们会付报酬的。"

　　小男孩迟疑了，这时又有不少孩子跑来，B 国义工又对他们说了一遍相同的话。有个孩子尝试着从车上搬了一桶饼干下来。B 国义工把一床棉被和一桶饼干递给他，说："非常感谢你，这是奖励你的。其他人愿意一起帮忙吗？"

　　其他孩子也都劲头十足地一拥而上，没多久就卸货完毕。B 国义工给了每个孩子一份救济物品。这时又来了一个孩子，看到卡车上已经没有货物可以搬了，觉得十分失望。

　　B 国义工对他说："你看，大家都干累了，你可以为我们唱首歌吗？你的歌声会让我们快乐！"孩子唱了首当地民歌，B 国义工照样给了他一份物品，说："谢谢，你的歌声很美妙。"

　　A 国义工看着，若有所思。晚上，B 国义工对 A 国义工说："对不起，我为早上的态度向你道歉，我不该那么大声对你说话。但你知道吗？这里的孩子陷在贫穷里，如果因为你轻而易举就把东西给他们，让他们以为贫穷可以成为不劳而获的谋生手段，因而不愿意再努力去摆脱现在的困境，那么他们将变得更加贫穷。"

家庭教育也如此，不要让孩子以为享受父母照顾是理所应当的，应该让孩子懂得要凭自己的能力和努力获取想要的东西。

误区 3：教育孩子是母亲的事情

母亲让孩子感受亲密，父亲教孩子学会独立

一些学生在购买我的书时，对我说："把书买回去送给我太太，让她把孩子教育好。"我说，教育孩子不光是母亲的事情，也是父亲的事。只不过孩子在小的时候受母亲影响大些，孩子越大，父亲的作用就越大。

西方有句谚语："孩子最早的学堂就是母亲的膝头，孩子从小趴在母亲的身上，他的人生教育就开始了。"也有人说："一个好的母亲胜过100 所好学校的老师。"诚然，在孩子幼年启蒙时期，母亲的陪伴和教育至关重要，但随着孩子渐大，父亲开始发挥影响。

孩子的成长会经历两个阶段，一是亲密性阶段，二是独立性阶段。孩子小时候，从母亲身上感受到被呵护、被照顾的亲密关系，长大后就会懂得如何去关怀别人。等青春期到来，生理开始发生变化，两性生理特征显露，孩子逐渐懂得男女有别。这时，独立性显现，孩子不再过多

依赖母亲，而父亲在培养孩子的独立性方面有着天然的优势和职责。

　　一般来讲，母亲能让孩子在精神上感受到爱和亲密性，父亲能帮助孩子确立学习和生活的规则。从小与母亲关系良好的孩子，善于与人交往，将来婚姻也容易幸福；跟父亲关系良好的孩子，较明事理，独立性强，善于思考，将来事业容易成功。所以在家庭教育中，父母各有不同的特点与优势。母亲给予足够的爱，父亲教会孩子做人处事的规则，在这样的家庭长大的孩子，人格更为健全。

父亲的权威，影响孩子规则意识的形成

　　有一个十五六岁的男孩，不服母亲的管教，经常对母亲大吼大叫。有一天吃完晚饭，父亲跟儿子在家附近散步，父亲说："妈妈整日照顾你，你却不尊重她，这不是一个善良的人应有的行为。而且，她是我的妻子，我不喜欢看到任何人对她说话那么不客气。"孩子听后大吃一惊，才发觉自己对母亲不尊重，也冒犯了父亲，从此再也不敢对母亲那般无礼了。

　　这就是父亲的权威对孩子的规则意识所起的作用。父亲代表着勇敢、力量、担当、责任、规则和权威，父亲缺位，孩子就容易不受规则约束，做出越界甚至违法的事。

　　有个"星二代"吸毒，和他从小父亲缺位不无关系。他曾表示："我的记忆里没有父亲的身影，连背影也没有。"在他最需要父亲的时候，父亲不在身边，他只能在电影或电视中看到父亲的身影。父亲耀眼的光环让他感到压力很大，而母亲对他又比较溺爱。他感受不到生命的

价值，内心迷茫、困惑、孤独、自卑，最后经不住诱惑，染上了毒瘾。

　　吸毒是一种丧失控制力的违法行为。而父亲恰恰能帮助孩子从心理上成熟，教他们学会控制冲动。很多父亲在这方面的教育是缺失的。缺失父爱的孩子，在成长过程中更可能表现出攻击性、易冲动，甚至走上犯罪的道路。即使孩子成年后，父亲幡然悔悟，愿意陪伴并投入精力，也很难弥补缺失的父爱教育。

　　所谓"养不教，父之过"，任何事业的成功都弥补不了孩子教育的失败，因为事业的成功是一阵子，对孩子教育失败却会影响其一辈子。

母爱和父爱，一个也不能少

　　父母对儿女产生的影响是不同的。对儿子来说，只由母亲带大的儿子往往缺少阳刚之气，而成长过程中有父亲相伴的儿子多半刚毅勇敢。对女儿来说，父女关系良好的女孩更自信、自尊，长大与异性相处更容易，选择伴侣也更理性。早年母爱缺失的孩子易多疑、猜忌，缺乏安全感。早年父母之爱都缺失的孩子，如果也无法获得其他的爱，大多会很自卑，成年后患抑郁症或精神分裂症的概率也较大。通常母爱太泛滥的背后，往往同时存在父亲的缺位，这加剧了母亲对孩子的控制和索取，更加不利于孩子的身心健康。

　　在此，我也来回顾一下父母对我的影响。

　　我的母亲只有小学文化，在家中是名副其实的贤妻良母，把父亲和三个儿女都照顾得很好，但对儿女从不溺爱。她跟邻里关系也非常好。我的父亲见多识广，乐于助人，在我们村被推举为邻长和里长，义务帮邻里调解矛盾与纠纷，十分受人尊敬。每次父亲调解完邻里纠纷，回家后就会把细节讲给我们听，所以，我从小就从父亲那里听到很多是非善恶的标准、做人处事的道理。也因为我跟父亲的关系良好，他清楚我的个性，所以不仅鼓励我和女孩玩耍，也不阻挠我跟男孩打闹爬树。因此，我的个性里既有温柔、有爱心、敏感与仔细的一面，也有刚毅、勇敢和坚持的一面。这对我日后的人际交往、婚姻生活都有很大助益。

误区 4：对孩子高要求、高期待

父母"低"期待，孩子更容易有高成就

我是家中最小的孩子，哥哥和姐姐都比我大十几岁，所以，小时候家中没人陪我玩。我性格很活泼，希望能找到小伙伴一起玩，就向父母吵着要去幼儿园。父母把 3 岁的我送进了幼儿园读小班，4 岁读大班，5 岁我就进了小学一年级——虽然还没有到入学的年龄，父母还是把我送进学校了。

第一学期，班上 50 个同学，我考试排到第 38 名。父母看到成绩单，竖起大拇指夸奖我："哎呀，真棒啊，拿了 38 名！"因为父母认为我在班上年龄最小，估计我会考最后一名，没想到我比他们预计的好很多。

第二学期，我考进了 20 名。成绩单拿回家，等待我的当然又是大拇指。父母夸我道："女儿，你又进步了！"到初中、高中，我都一点一点在进步。回顾我的整个学习生涯，从小学到大学，父母一直没有过度要求过我。

父母在家中传递给我的都是肯定、鼓励、夸奖等正能量的信息，所以我个性阳光、开朗、乐观、进取，在愉悦的氛围中学习、成长。后来我愈来愈进步，小学毕业时是全班第 12 名，中学毕业时是班上第 9 名，高中毕业时是班上第 3 名，并顺利考入台湾地区最好的大学——台湾大学。现在回想这些往事，真的非常感谢父母对我的"低"要求、"低"期待，让我很容易达到目标，因而对自己产生信心，又全力以赴地做好自己责任内应做的事，才有了现在的我。

"差生"于智博的故事就更有代表性了。

于智博 9 岁时父母离婚，学习不开窍，小学就留级，中学排名一直倒数……这些因素加起来，人们很难相信这个孩子会获得命运的垂青。但是，就是这样一个"输在起跑线上"的孩子，因为有一颗积极乐观的心，有着良好的自我认同，最终找到了适合自己的发展道路。

当父母离婚时，于智博情绪非常低落，成绩一度下滑。父亲为了鼓励儿子，经常对他的优点给予表扬。因为有父亲频频给自己"戴高帽"，于智博变得自信乐观，即使成绩不好，他也性格阳光，心态很好。初中毕业时，老师出人意料地推荐于智博代表班级在毕业晚会上发言。于智博说："我是一名普通的学生，没有别的同学那样值得炫耀的成绩，但这并不影响我活得快乐……我的父母总是告诉我慢慢来，走好脚下的每一步，才能走好未来的每一步。"

16 岁，于智博只身前往美国。在他读书的那个小镇上，只有他一个中国人。面对完全陌生的环境，他没有半点畏惧和排斥，而是以开放的心态对待自己和他人，很快交到一大批朋友，融入了当地的同龄人群体。半年后选大学，于智博自主选择了一所"物美价廉"的大学；两年后，在实力积累到一定程度时，他又申请转入一所名牌大学。最终，他被哈佛大学商学院录取。毕业后进入花旗银行，成为10名"全球领袖计划"成员之一；回国后，担任联想集团董事长兼CEO的高级助理。于智博说："也许我一开始落后于人，但并不见得会永远落后于人。只要不服输，找到属于自己的最佳匹配，早晚有一天会成才。"这正是：蜗牛只要能够爬到山顶，和雄鹰看到的景色就是一样的。

于智博的父母从未对他高期待，而是无条件接纳他、欣赏他，虽然离了婚，却从未让他感到爱的缺失。此外，父母不包办，让于智博自己选择道路，使他从小就培养出有担当、有责任心，具备了超出同龄人的责任感和决断力，为他将来的管理工作打下了基础。

不给孩子的人生设限

许多父母以孩子能否进入好大学作为衡量孩子是否成才的唯一标准，他们认为"考不好就没希望""进不了大学，人生就失败"，这些狭隘的观念除了为自己和孩子设限，产生不了任何积极的影响。很多孩子因此受到打压，因为达不到所谓的"标准"，一些孩子被贴上了"坏孩子""玩物丧志""没上进心""没出息"等标签。很多孩子因为感觉不到自我的价值，逐渐丧失了自信心和进取心，甚至一生都会受到这些否定和挫败的影响。

父母太看重成绩，反而更容易阻碍孩子的发展。人群中只有少数是精英，大多数都是普通人。目标定得太高，客观上不容易实现，容易打击孩子的信心，夺走孩子追寻梦想的快乐。父母不要拿孩子的弱项跟其他孩子的强项比较，不必急于望子成"龙"或望女成"凤"，孩子成"人"就好。父母应首先让孩子长大后成为合格的社会公民，能够自食其力，再协助孩子发现自我、实现自我价值。

包办型父母会阻碍孩子成长

责任是分内的事情，自己的事一定要按时负责完成。但许多父母搞反了，为了让孩子把更多的时间用在学习上，对孩子的其他事情全部包办，结果孩子长大了，日常生活的事都不能自理，全要靠别人。

有个妈妈给上大学的儿子买了 30 双袜子，每天穿一双，月底全部带回家交给她洗。上大学的人，连双袜子都不会洗，真是可笑可叹。"慈母多败儿"，不少父母给予孩子的爱不是太少，而是太多，他们不忍心让孩子体验生活的辛苦与艰难，却导致孩子一辈子艰难，一辈子向长辈索取。这样的父母，将来很可能得不到为人父母应得的那份尊重。

父母"越俎代庖""包办一切"，孩子不需要为自己负责，不需要付出努力就可以得到一切，因此也体会不到自我的价值，很难为自己的未来付出努力，也感受不到被人需要的幸福。没有责任感就找不到存在的意义，这样的孩子怎么会快乐？眼里怎么会有他人？怎么懂得人生的真谛，又怎么会成才？

有一次夏令营，一对父母在课后找到我，母亲眼泪汪汪地说："李老师，我们就是您所说的包办型父母，现在终于吃到苦果了。"

　　他们的儿子已经18岁了，不好好念书，天天打游戏，根本不把高考当回事。每当他俩苦口婆心地劝儿子，儿子的眼神就会充满不耐烦，甚至露出敌意，简直把父母当仇人。为什么会这样呢？原来，他俩什么都包办，孩子什么都不会。所以孩子和朋友在一起时，就显得特别幼稚。别人会的他不会，别人懂的他不知道，他总感觉自己没用。回到家就埋怨他俩，认为一切都是父母害的。久而久之，他俩说什么，儿子都不听，还总和他们对着干。

　　很多包办型父母不信任孩子，对孩子不放心。孩子想自己坐公交车去上学，但父母担心路上不安全；孩子想帮忙洗碗，父母说"算了吧，别把碗摔了"……孩子无论想做什么，父母都觉得孩子做不好。长此以往，孩子也懒得承担责任了，反正父母不相信自己，干脆依赖他们。

　　我一个朋友的儿子2岁多，正是自我意识逐渐萌芽的时候。他对自己感兴趣的事总会跃跃欲试：帮助奶奶擦地，他打翻了整盆水；练习自己洗脸，他弄湿了一身衣服；自己吃饭，他把饭菜弄得满脸、满身、满地都是……老人怕孩子把衣服弄脏、把家里搞乱，总是阻止他自己动手，小男孩因此又哭又闹，表示抗议。朋友每天下班回家，她婆婆就会向她"告状"，但是她从来都站在儿子一边，顶多温柔地对孩子说一句："下次做要小心一些。"

　　朋友的做法值得赞赏。很多大人殷勤地照顾孩子，是怕孩子做不好，自己收拾起来更麻烦，但这其实剥夺了孩子练习的机会，影响了孩子的顺利成长。若孩子有了自我意识，父母就应尽量尊重他的选择和意愿，不过度保护，不过多干涉。包办型父母养出来的孩子大多能力弱、自私、爱虚荣享乐，感觉不到人生的价值和追求，甚至成为"寄生虫"或"啃老族"。

教育孩子需要技巧和智慧。我们需要从自然型父母转变成智慧型父母。父母对孩子只有爱是远远不够的，还要会爱。会爱的父母帮助孩子构建自我，会爱的父母培养孩子的自我价值感，会爱的父母让孩子有一颗乐观积极的心。这样的爱会真正被孩子接受、内化，成为孩子成才必不可少的素质。

家庭教育是
孩子成才的起点

帮助孩子建立完整、健全的自我，使他们
有自由又守规则，能激发生命的潜力又知
晓做人处事的边界，自尊又尊重他人，这
就是好的教育。

孩子幼时，父母尽量亲自带

现代人大都忙于工作，很多孩子在幼年时就被交给双方老人抚养，"生养分离""隔代抚养"变成非常普遍的社会现象。但是，父母是孩子最佳的抚养人，对教育孩子具有不可推卸的责任。短短几年的成长关键期，可以影响孩子一生。父母在孩子人生最初也是最重要的几年，应尽量亲自陪伴和照顾他。

生养分离让孩子缺乏安全感

在孩子出生几个月之后，初为父母的喜悦和兴奋渐渐退去，现实问题摆上日程。"谁来带孩子？"这差不多是每一对父母都要面临的问题。无论是交给双方的老人抚养，还是雇保姆，都是父母的选择，不是年龄尚小、无行为能力的孩子的选择。

所以，孩子是非常被动地接受了生养分离，这对他来说是比较残酷的。幼小的心灵根本不可能明白，为什么一直照看自己的人突然离开了。他的内心很容易因为缺乏安全感而变得胆怯、敏感、封闭和多疑。

童年是孩子人格形成的关键期。孩子在 6 岁之前，特别需要与父母建立亲密的亲子依恋情感，这是孩子建立一生的安全感和幸福感的重要基础。父母应尽量自己带孩子，即使不得已需要别人帮忙，也是以别人为辅，自己为主。

孩子的幸福快乐，需要健全的人格和健康的身体作为基础，抛开这两样谈孩子的教育无异于建造空中楼阁。而健全人格和健康心理的核心又来自安全感，来自父母在孩子咿呀学语、蹒跚学步时的朝夕相伴、温柔呵护。

孩子长时间和别的抚养人在一起，情感自然就会转移到别人的身上，和父母反而会生分。有不少老人离开家乡，到异地为子女带孩子，这样老人虽然辛苦些，却能够保证孩子每天能够见到父母。有的孩子则是一断奶就被送回老家，由爷爷奶奶或者姥姥姥爷抚养，等到该上学的年龄，才被送回父母身边。这样的家庭互助似乎两全其美：既使老人暮年有了绕膝之欢，又使家里的顶梁柱心无旁骛地忙事业。但是，唯独没有人从孩子的角度考虑。小小年纪，就要承受两次分离之痛——一次是和亲生父母分离，一次是和抚养者分离，这将对孩子的内心世界产生很大的负面影响。

孩子回到父母身边，为的是接受更好的教育。父母往往很理想化，以为把孩子送进教学条件好的学校，就是接受好的教育。殊不知教育的基础在于家庭，家庭教育的底子打不好，学校教育也很难使上劲儿。父母是孩子人生最早的老师，如果父母从孩子的人生一开始，就处于失职状态，家庭教育又从何谈起呢？

隔代抚养容易增加家庭矛盾

父母一定要负起教育孩子的主要责任。隔代抚养的问题很多。老人会尽责，但无法负责。如果把孩子长期交给老人带，孩子不可避免地会在老人的教育观念下长大，在老人的宠溺下易形成任性、自私的性格。而在教育孩子的问题上，两代人的观念差距往往非常大，很容易因此引发矛盾和争执。孩子会利用大人的不和，维护自己的利益，形成性格的"两面性"，增加管教难度。

不少由老人在老家带大的孩子，回到父母身边后，和父母矛盾很大。家庭教育的关键在于亲子关系。分别几年又重新在同一个屋檐下生活，父母和孩子可以说是"最亲密的陌生人"。成年人和孩子的思维方式不同。父母以为，自己付出这么多，孩子本应该珍惜，好好念书，考出好成绩。而孩子是个有思维、有感情的人，他感受到的是自己被随意安排的无助，尊严和安全感都受到打击，心理创伤很难平复。所以，孩子在面对父母的说教和管束时，就会本能地排斥和反感，甚至认为父母亏欠自己，更无权干涉自己。尤其到了青春期，当孩子的自我意识更加强烈时，亲子危机将全面爆发。

父母的陪伴是良好亲子关系的基础

对于父母来说，请别人帮忙带孩子表面上缓解了自己时间上的紧张，实际却为日后教育埋下诸多隐患。

一方面，因为和孩子相处的时间短，他们在心理上迟迟进入不了父母的角色状态，这不利于建立良好稳定的亲子感情。比如，有的人根本没有做父母的样子，自己还像个大孩子，高兴起来抱着孩子又亲又笑，不耐烦了就对孩子的哭闹置之不理，把孩子当作小宠物，而不是一个有感受、有尊严、渴望父母持久情感的独立生命。

另一方面，因为错失了孩子成长的关键时期，他们根本不了解孩子，教养也就无从下手，要么过于宠爱，百依百顺，用钱收买；要么觉得老人把孩子惯得不像样子，一回家就呵斥孩子，把亲子关系搞得很僵硬。如此，更谈不上对孩子进行有效的家庭教育。

　　我有一个朋友生了两个女儿。大女儿出生几个月后，她产假期满，就回归工作。孩子交给了婆婆带，她很少管。3年之后，她又怀孕了。小女儿出生，大女儿也上了幼儿园，她就让婆婆回老家，自己带两个孩子。当年大女儿的出生并没有让她意识到自己的母亲身份，因为她身心都围着工作转，根本不知道孩子是怎么长大的。抚养小女儿的过程却让她体会到什么叫母女情深，什么是天伦之乐。

　　她发现两个女儿的性格很不一样，小女儿热情外向，大女儿沉默内向。而且，小女儿明显和她更亲近，什么话都愿意和她讲，每天回来就叽叽喳喳黏着她说个不停，幼儿园发的糖果舍不得吃，全带回来给她。相比妹妹，上小学的大女儿很少和她说心里话。

　　她对我说："有了比较，我才知道父母为什么必须亲自带孩子。"她认为，小女儿似乎是老天故意安排的，既让她真正体验做母亲的责任和欢乐，又让她体会到大女儿曾经失去了什么。在这几年里，她尽力弥补，用慈爱的心温暖大女儿。

父母自己带孩子虽然辛苦些，但绝对值得。且不说看着孩子一天天长大，自己能亲历孩子迈出人生的第一步、说出人生第一句话时的欣喜，单就为了能更好地教育孩子，也必须在孩子年幼时尽到照顾责任，为良好的亲子关系打下基础。

孩子成长的关键期相对于他的一生来说十分短暂，却会影响他的一生。请父母们仔细想一想，真的会有什么事业比抚养孩子更重要吗？如果不是迫于无奈，请父母一定要亲自带孩子。如果客观条件不允许，也要尽量协调工作，分出时间和精力，高质量地陪伴孩子，让孩子感受到父母的爱。

孩子的自由也应有边界

自由过度的教育毁掉孩子

自由对孩子的重要性不言而喻，没有自由就没有自我，没有自由也没有自律。正确的教育观念，建立在爱、自由、尊重、理解的基础之上。在专制的家庭中，父母绝对权威，对孩子严加管教，惩罚多于赏识，孩子在父母的控制中长大，被迫变成父母意志的一部分，哪怕成年了身上都会带有严重的被控制过的痕迹。因此，在这样的家庭中，那些渴望实现真实自我的孩子，一生都在和父母抗争。

当然，近年来也有许多年轻的父母推崇尊重孩子个性、自由的观念，自由教育思想的影响力越来越大。而一些反思专制教育负面影响的父母，把自由教育作为"救命稻草"，却不知不觉犯了过犹不及的错误。当放手演变成放任、放纵，孩子的自由变成了自私、自恋，父母的权威一去不返，孩子再也无法管教时，父母才发现自由与规则的天平完全失衡。

有的父母对孩子百般宠爱甚至溺爱，哪怕孩子犯了错，也很少责骂、惩罚孩子。在他们的家庭里，只有自由，没有规则；只有表扬，没有批评；只有宽容，没有惩罚，这样的家庭教育让孩子自由过度，自我膨胀。

家庭教育是事前预防，社会教育是事后监督。认知的途径有两个：教育和教训。小时候没被好好教育，长大后就只有被教训了。

给孩子自由，也要给孩子规则

好的教育是什么？知识仅是很小的一方面，最重要的是帮助孩子建立一个完整、健全的自我，有自由又守规则，能发掘生命的潜力又知晓做人处事的边界，自尊又尊重他人。教育要帮助孩子了解生命的真谛，学会和自己、别人、这个世界友好相处，成为一个内心愉悦、有爱、有责任感的人。

启蒙期，家庭教育没打好基础，到青春期再去纠正，就非常困难了。如果在启蒙期内，父母未能帮助孩子建立影响一生的规则意识，孩子日后就容易目中无人，做出越界之事。

规则和自由丝毫不矛盾。让孩子自由不是放任孩子不管，让孩子建立规则也不是要限制他自由地成长，而是为了让孩子从自由走向自律，做自己真正的主人。一个完整的人，一个自由的人，一定是一个自律的人，一个能够很好进行自我管理的人。

世间所有的爱最终都以走向聚合为目的，唯有父母的爱，最终结果是走向分离。那么分离的条件是什么呢？就是孩子能够独立，能够自律。所以规则是不可或缺的，只给孩子自由不给孩子立规矩的父母应该警醒，宜早不宜迟，一定要在孩子启蒙期就帮他建立正确的行为准则。

在孩子 2 岁以后，父母需要根据孩子的理解水平，逐渐给孩子立规矩，告诉孩子，在我们生活的这个社会里，有些行为是值得鼓励的，有些行为是不受欢迎的，有些行为则是被禁止的。

具体应给孩子树立哪些规则呢？最基本要做到以下几点：不可以伤害别人，例如不能打小朋友；不能任意打扰别人，例如不要打断别人的谈话，包括父母之间的谈话；不能妨碍公共秩序，例如遵守公共空间的秩序，在公共场所不大声喧哗等。

那么，如何把握自由和规则的尺度呢？

可以在家中设置一些区域，比如，给孩子划出一块活动区，他在这里可以自由玩耍，弄得多乱都行，但客厅是大家的公共活动区，必须保持干净整洁，每个家庭成员都有责任维护客厅的秩序。这样的规则设置，就会让孩子从小具有公德心，知道哪里是自己能充分享受自由的地方，哪里是大家共享的地方，在大家共享的地方就要有规有矩。

　　我见过不少父母纵容自己的孩子在公共场所爬上爬下，摸东摸西。有一次在银行，一个 3 岁左右的孩子不停地按饮水机的开关，热水哗哗地流，马上就要溢满接水盘流到地上。我赶紧提醒他母亲："你看着点他，小心会烫到他。"他的母亲含笑说道："我就是要让他自由探索，这样才能让他形成自己的理解，如果他被烫了，自然就不敢再摸了。"

这个母亲信奉自由教育，但银行是公共场所，如果要让孩子领教热水的威力，回家放任孩子便是，不应该到这里来妨碍别人。别人想喝水，难道要等孩子玩够了不成？更重要的是，银行里人来人往，如果有人不小心碰到孩子，将他烫伤，那么责任又该谁来负？

　　3 岁的孩子，一切行为选择都从自己的需要出发。父母如果对其百依百顺，他又如何能习得相应的行为规范？这个妈妈如果一直这样教育她的孩子，孩子长大就可能成为一个缺乏公德心的人。因此，自由和规则的尺度在于领域，在家庭私有领域、孩子专属领域、能保证孩子人身安全的领域内，孩子享有充分自由的权利，除此之外则必须遵守相应的规则。

纪律和秩序会给孩子安全感

　　有的父母担心规则会妨碍孩子自由探索，事实上，心理学证实：10 岁以下的孩子对规则不是排斥，而是渴望。因为，这个年龄段的孩子大脑发育尚未完善，逻辑思维尚未建立，明确的规则会让他们心中有安全感。

　　必须注意的是，父母在给孩子树立规则时，意见一定要统一。两个人分歧再大，也要先背着孩子协商好一套统一的规则。父母各有一套规矩，孩子就会无所适从，规则也失去了权威性。而且，规则一旦确立就应该严格遵守，孩子如果破坏规则，父母必须管教，不能通融，不能因心情好坏而随意改变。

　　比如，2 岁多的孩子吃饭时，有的孩子经常要父母追着喂。父母可以明确告诉孩子，吃饭时间不准玩，一旦离开饭桌就意味着这顿饭已经结束，再吃只能等下一顿。这样的规则，2 岁多的孩子既能做到，也能理解。如果孩子破坏规则，父母不能因为他哭着喊饿就心软，心软一次就会让努力前功尽弃。

　　孩子是规则的学习者，父母是规则的示范者、执行者和制定者。父母在制定规则时，应该告知孩子，或让孩子参与。在执行规则时，态度不能粗暴，而应是明确而温和的。切忌在你愤怒的时候让孩子领教训，而应该在情绪平静之后再处理。规则面前人人平等，父母、孩子都要遵守。比如，父母平时注重尊重他人，对人讲究礼仪，孩子才会注意自己的言行举止。

让孩子认识规则、了解规则并按规则行事，有时候看起来像是一种限制，但实际上这是对他们的一种保护。那些违法犯罪的青少年，往往是因为没有规则意识，当自身需求得不到满足时，不会调整自己，反而以身试法。父母给孩子的自由应该是理性的，就像高速公路一样，只有边界清晰明确，车才能高速且安全地行驶。一个有规则意识的孩子才能融入社会、适应社会，才有施展抱负的空间，才有成功的可能。

教孩子正确处理情绪

有的孩子在父母的手心里长大，变得脾气暴躁，稍不如意就会发怒，对别人恶语相向。特别是进入青春期后，这样的孩子往往无视老师的管理，与父母对立，如果不及时进行引导，极易成为校园霸凌者，甚至犯下大过失。

　　有一个小男孩，脾气非常暴躁。他父亲给了他一袋钉子，告诉他，每次发脾气或者跟人吵架的时候，就在卧室门上钉一根钉子。第一天，男孩钉了37根钉子。后面几天，他刻意控制自己的脾气，每天钉的钉子数量也逐渐减少。他发现，控制自己的脾气，实际上比钉钉子要容易得多。终于有一天，他一根钉子都没有钉，他高兴地把这件事告诉了父亲。

　　父亲说："从今以后，如果你一天都没有发脾气，就可以拔掉一根钉子。"日子一天一天过去，最后，门上的钉子全被拔光了。父亲对他说："你做得很好，我的好孩子，但是看看门上的洞，将永远不能回到从前的样子了。你生气的时候，说的话就像这些钉子一样留下疤痕。如果你拿刀子捅别人一刀，不管你说多少次对不起，那个伤口将永远存在。话语的伤痛就像真实的伤痛一样令人无法承受。"听了此话，小男孩眼泪夺眶而出，从此他不再乱发脾气，学会了尊重别人。

真爱表达是需要学习的。爱是艺术，它需要知识与方法；爱是能力，它需要思考与智慧。父母对孩子的爱，不以父母付出多少来衡量，而以孩子能感受和能接受多少来衡量。

　　父母在日常生活中让孩子感受到爱，使孩子也能释放这种爱，懂得去关爱他人，学会感恩，对生命充满敬畏。同时，通过可操作的规则教育、行为教育、心理教育及言传身教，帮助孩子树立底线意识、法律意识、对自己的行为负责的意识等，从而形成健全的人格。从小就被正确的爱滋养的孩子，是不会任意践踏他人尊严和欺凌他人的。

好习惯是成才的发动机

小时候养成的习惯等同于天性

　　成熟的父母会让孩子从小就培养各方面的好习惯，这不仅有助于孩子的学习，更能让孩子受用终生。习惯分很多种，包括生活的习惯、学习的习惯、做人的习惯、做事的习惯、思维的习惯……习惯具有顽强而巨大的力量，它甚至可以主宰人生。因此，家庭教育成功与失败，很重要的一点在于是否能够让孩子养成良好的习惯。

　　为什么习惯的作用如此之大？贾谊认为："少成若天性，习惯如自然。"意思是小时候养成的习惯，像人的天性一样自然、坚固，甚至等同于天性。

　　习惯是不假思索的，是不用思想控制的行为，它就像人体中的软件系统，在它的控制下，人的许多行为与思维活动将处于一种下意识的状态，从而使大脑解放出来，集中应对更复杂的问题。英国前首相撒切尔夫人曾被这样问道："您工作如此繁忙，究竟是如何做到从容不迫的？"

撒切尔回答："秘诀在于我把 90% 的细节变成了习惯，当习惯成自然，我就不觉得它们是负担。"百度董事长兼 CEO 李彦宏回答类似的问题也谈道："我已经形成一种思维习惯，当从一件事跳到另外一件事的时候，我能够快速调整状态，集中精神高效处理事情，绝不拖泥带水。"

习惯的培养一定要抓住关键期。古往今来的教育家都认为习惯要从小培养，最佳阶段即 7 岁内的幼儿期。教育家陶行知说："凡人生之态度、习惯、倾向，皆可在幼稚时代立下适当基础。"我们可以这样类比：早期教育花一公斤的力等于后期教育花一吨的力。

因此，父母要特别重视孩子第一次出现的行为。比如，孩子第一次骂人，他可能完全不知道这是什么意思，但父母一定要告诉他这是错误的，不能骂人；如果他再骂，父母就要沉下脸表示不快。孩子做事都会看大人的反应，当看到父母这样的反应时，他就知道骂人不对，自讨没趣；而父母如果此时觉得孩子幼稚好笑，忍不住笑出来了，孩子会有第二次骂人，第三次骂人，再管教就会增加难度。

好习惯是加速器，是助人腾飞的双翼；坏习惯是枷锁，是难以挣脱的羁绊。好习惯是人生资本，这个资本会不断地增长，一个人毕生都可以享用它的利息。坏习惯是道德上无法偿清的债务，这种债务能以不断增长的利息折磨人，使他走向失败，并把他引到道德破产的地步。

若干年前，在几十位诺贝尔奖得主的聚会上，记者采访其中一位科学家："请问您在哪里学到了您认为最重要的东西？"这位科学家回答："在幼儿园。""在幼儿园能学到什么？""学到把自己的东西分一半给伙伴，不是自己的东西不要拿，东西要放整齐，做错事要道歉，仔细地观察事物。"

这位科学家出人意料的回答，说明了儿时养成的良好习惯对人的一生具有重要的意义。

拥有这些好习惯，孩子更幸福

学习好的孩子，大多数有良好的生活习惯、做事习惯，知道如何与人相处。多一个好习惯，就多一个成功的机会；多一个好习惯，就多一份享受生活的能力；多一个好习惯，就距离幸福更近一步。

一个习惯的形成需要一定的时间。每个习惯都要经过从被动到自发，再到自觉，最后到自动的过程。拿破仑·希尔曾经说过："当一种习惯由于经常反复地练习而变得容易的时候，你就会喜欢去做。你一旦喜欢去做，就愿意时常去做。"父母如果希望教育好孩子，首先自己要有良好的生活习惯和做事习惯，然后培养孩子的好习惯，因为好习惯是健康人格的基础，是成功人生的根本，更是成功的捷径。

那么，具体应该培养孩子哪些方面的习惯呢？

做事方面

第一，善始善终。不管多小的事情，都要鼓励孩子做到底。时间长了，这种习惯会内化为孩子的韧性，使孩子的意志力增强。

第二，做事要严谨，要有计划。

第三，自己的事情自己做。这是人格独立的起点，重要性不言而喻。

第四，说到做到。言而有信的人才可能做事成功，才能获得他人的信任，拥有真正的朋友。

生活方面

第一，干净整洁迎接每一天。这是很小的事情，却能体现自爱、自尊和对他人的尊重。

第二，经常锻炼身体。运动可以磨炼孩子的意志，强身又强心。

第三，用过的东西放回原处。这能提高孩子的自我管理能力。有了秩序感，知道什么东西在哪里，找东西不会东翻西翻，自然心情愉悦，省时高效。

待人方面

第一，耐心听完他人讲话。这个习惯体现了对他人的尊重和良好的涵养。

第二，经常面带微笑。这个简单的表情是最美的"名片"，使孩子兼具有礼、宽容、和善、友爱等美好品质，将为孩子带来一生的好运。

尊重和理解，赢得孩子的心

适合孩子的教育方法才是最好的方法

　　在美国史密森博物馆里，展示着华裔设计师吴季刚为米歇尔·奥巴马设计的晚礼服。在 2009 年奥巴马的总统就职晚宴上，这袭令人惊艳的飘逸白裙使吴季刚一举成名。而 4 年后，米歇尔再度穿着吴季刚设计的作品，出现在奥巴马连任美国总统的就职典礼上。

　　吴季刚的成功，与他母亲对他的尊重和理解密不可分。吴季刚从小就和一般男孩不一样，他不喜欢舞刀弄枪，只爱洋娃娃、逛婚纱店，喜欢亲手给娃娃缝制衣裳。他的这些兴趣遭到不少亲友的嘲笑。但母亲陈美云没有"匡正"这些"与众不同"，反而帮儿子订时装杂志，托人搜集洋娃娃，还找老师教儿子学裁缝和服装设计。一年不到，吴季刚就把老师教的东西全学会了。"他有设计天分，你应该找更高明的人教他。"老师的一句话让陈美云决定带 9 岁的儿子远渡重洋，到加拿大接受更完整的设计教育。

吴季刚还有一个和他性格截然不同的哥哥。哥哥"中规中矩"，接受书本知识的能力非常强，而且品学兼优。陈美云依据两个儿子的不同天性，分别挑选了适合他们特点的学校，采取了完全不同的教育之道，最后两个人在不同的领域都获得了成功。

尊重孩子、因材施教绝不是一句空话。父母只有充分了解孩子，努力站在孩子的角度，体会他们的感受，才能找到适合孩子的教育方法。

不去打听孩子的"秘密"

"人性至深的本质就是希望获得他人的尊重。"孩子年龄虽小，却同样渴望获得尊重。当孩子有了自我意识，父母应尽量尊重他们的选择和意愿，不做过度保护、干涉过多的包办型父母。尊重孩子意味着了解并尊重孩子的个性，允许孩子有自己的精神空间，不去打听孩子的"秘密"、窥探孩子的"隐私"。很多父母在这个问题上"栽了跟头"。

一位母亲趁儿子上学时偷偷打开他的日记本，看到里面夹着一张纸条，上面写的话使她的手"像被烫着了一般缩了回来"："妈妈，我知道你会打开我的日记本偷看，但是，妈妈，我要告诉你，我看不起你……"

　　每个人都希望拥有心灵自由，即使在最亲近的人面前，也需要保留自我的领地和秘密。不用说，这个妈妈内心一定很痛苦，自己含辛茹苦养大的孩子，却以这样的口吻对自己说话。但我想如果不是她"侵权"在先，惹恼了孩子，孩子也不会"出此下策"。

　　随着孩子年龄的增长和独立意识的增强，父母应把原来无微不至的爱藏在心底，对孩子表现出充分的信任，让孩子拥有独立的空间，给孩子支配时间的自主权，尊重孩子的选择，善待孩子的朋友。

　　尤其对于青春期的孩子，父母更不能硬着来。这个阶段的孩子虽然不可能脱离父母，却有着强烈的自主愿望，对任何事物都有自己的看法。可以说，青春期是人"第二次诞生"（精神上的诞生）的时期。此时，孩子对自尊、自我实现的需求都很高，特别需要别人的理解和尊重。面对孩子的逆反情绪，父母应坦然处之，理解这是孩子成长的特殊阶段；要把自己的情绪管理好，营造宽和、宽厚、宽容的家庭环境，耐心等待孩子长大。父母应格外注意，此时不能"和孩子一般见识"，争执不休只能造成两败俱伤的结果。父母"赢了"孩子远不及"赢得"孩子。所谓"赢了"孩子，无外乎父母用惩罚等手段战胜了孩子；而"赢得"孩子，则是父母维护了孩子的尊严，给予孩子充分的尊重，把思考和判断的权力交给孩子，赢得孩子的心。

把选择权还给孩子

　　一般来讲，在孩子小时候，他们自己能够决定的事非常有限，无非是吃什么、穿什么、到哪里去玩、和谁玩等"小事"。但父母千万不要小瞧这些"小事"，它们可以培养孩子的分析能力、社交能力，还能锻炼孩子承担后果的心理素质。总之，对孩子自己生活范围内的事情，父母应尽量把支配权、选择权交给孩子，自己只保留建议权。

　　我有一个朋友是服装设计师，穿衣服很讲究搭配。每当有亲友聚会，她总要亲自给女儿挑选衣服，把女儿打扮得漂亮出众。但女儿上了中学之后，再也不像从前那样"好摆布"了，不愿意妈妈再干涉自己的服饰。朋友很难接受，觉得女儿自己搭配的衣服不合适、不好看，母女俩因此常产生口角，有几次女儿说不过她，索性拒绝出门。

　　我劝朋友："既然衣服穿在孩子身上，她自己舒服、高兴就行了。每个人的审美情趣都不同，她以前尊重你，现在你为何不能尊重孩子自己的选择呢？再说，穿衣没有对错之分，孩子无非是想通过争取'搭衣权'，摆脱自己每次被妈妈当'洋娃娃'打扮的感觉。"

　　孩子的独立意识正在发展，父母应该高兴才对。如果孩子连自己穿什么都不能决定，那么他将来还能有什么决断力呢？

身体力行何为"尊重"

　　父母不仅要尊重孩子，还要在言传身教中注重对他人的尊重，为孩子诠释"尊重"的含义。

　　一个媒体工作者总禁止自己的女儿和邻居家的女儿玩，她认为邻居是出租车司机，文化程度"低"、素质"差"，怕女儿变"粗俗"。后来她的女儿又交了一个好朋友，这个新朋友的母亲是银行行长，曾在剑桥留学。每次女儿回来，言谈话语间总流露出对朋友母亲学识的钦佩，十分羡慕朋友有这样见多识广的母亲。这下她又苦恼了，觉得女儿似乎不把自己放在眼里。

其实，一个人的独特性就是这个人的价值，狭隘的价值判断是最不可取的。这个母亲首先是不尊重孩子的交友权，然后是不尊重邻居，她的思维方式影响了女儿。这种价值观对女儿走向社会没有帮助，反倒是种阻碍。

每个人的内心都渴望获得尊重，每个人最初的自尊都源于父母，孩子最初的尊重也是对父母的。父母尊重孩子，孩子就会尊重父母，日后孩子走出家庭才会尊重他人。有些孩子与同学关系紧张，与老师关系也紧张，追问起来，是因为他们在家中不被尊重，甚至常常挨打，以至于无法与他人良性互动。尊重是合作的基础，孩子将来的成功离不开与人合作。一个不会尊重别人的人，是孤立可悲的，在社会上很难受到欢迎。

被父母欣赏是孩子最大的幸福

赏识教育让孩子产生积极的自我

在日本，一位母亲拉着自己上幼儿园的孩子，找到一位著名的教育家问："您是儿童教育专家，请问我的儿子能成才吗？"这位教育家头也不抬就肯定地说："不能！"这个母亲生气了："您连看都没看怎么就能下断语？"教育家回答："因为你怀疑你的孩子，所以他成不了才。"

孩子小的时候缺乏自我认识，父母对孩子的评价往往就能决定他对自己的看法。因此，父母要充分肯定自己的孩子，不仅因为他做了值得肯定的事，更因为孩子本身值得肯定。

适当运用赏识教育，将使孩子的内心产生一个积极的自我，对未来会有积极的期待。坚信自己有价值的人，就会努力创造价值；不认可自己的人，做任何事情都不会有信心。所以，父母要经常用大拇指称赞孩子，而不是用食指指责他。孩子只有对自己有信心，才能勇于面对生活中的各种挑战，即使受挫也有力量站起来。赏识和信任是所有父母都能够给予孩子的财富，这财富会让孩子一生享用不尽。

接纳和欣赏成就孩子

一位母亲参加家长会，幼儿园老师对她说："你儿子有多动症，连3分钟都坐不住，你最好带他去医院看一看。"

回家路上，儿子问她老师都说了些什么，她鼻子一酸，差点流下泪来。因为全班30个小朋友，他表现最差；对他，老师表现出不屑。然而她还是告诉儿子："老师表扬你了，说宝宝原来在板凳上坐不了1分钟，现在能坐3分钟了。其他妈妈都非常羡慕我，因为全班只有我的宝宝进步了。"那天晚上，她儿子破天荒吃了两碗米饭，并且没让她喂。

儿子上小学了。又是家长会，老师对她说："你儿子数学成绩总是倒数，太差了。"回家路上，她流下了泪。然而，她回到家后，却对坐在桌前的儿子说："老师对你充满信心。只要你能细心些，会超过你的同桌。"说完，她发现儿子黯淡的眼神一下子亮了起来，沮丧的脸也一下子舒展开来。儿子温顺得让她吃惊，好像长大了许多。第二天上学也去得比平时早。

儿子上初中了。一次家长会，她没有听到老师在差生的名单中点到儿子的名字，这简直让她有些不习惯。家长会结束，她上前问老师，老师说："按你儿子现在的成绩，考重点高中有点危险。"她怀着惊喜走出校门，发现儿子正在等她。路上，她扶住儿子的肩，心里有一种说不出的甜蜜。她笑着说："班主任对你非常满意，他说只要你努力，很有希望考上重点高中。"

高考结束了，儿子考上了心仪的学校。儿子把一封大学录取通知书放到她手里，突然放声大哭，边哭边说："妈妈，我知道我不是个聪明的孩子，可是，这个世界上只有你能欣赏我……"这时，她悲喜交加，再也按捺不住十几年来凝聚在心中的泪水，任其落在手中的信封上。

拒绝和否定摧残孩子，接纳和赏识成就孩子。爱和信任会创造奇迹，尤其是父母或老师对孩子的赏识，会让孩子迸发出顽强的生命力和战斗力。

一个名叫小玲的女孩患有先天轻微智力障碍，曾被许多学校拒收，直到12岁那年遇到一位热心的赵老师，才进了一年级。她在班里年龄最大，学习成绩却最差，许多知识都学不会，有的同学背地里叫她"傻瓜"，她知道后更加自卑和难过。一天，赵老师在课堂上带领学生们进行造句比赛，看谁能用"相信"这个词造出精彩的句子。同学们兴趣高涨，争相举手，造出很多漂亮的句子。赵老师不住地点头赞许。忽然，她把目光停在一直沉默的小玲脸上，热情地鼓励道："下面请小玲给大家造一个句子，好吗？"只见小玲站起来，嗫嚅了好半天，终于小声地说出一个句子："我相信石头会开花。"她的话音未落，同学们便笑成一团。

　　这时，赵老师将一根手指竖到嘴边，示意大家安静。然后，她大声宣布："这个句子造得非常好。"她顿了顿，接着说，"而且，我也相信石头会开花。"老师慈爱的目光里透着坚定。"老师，您也相信？"同学们困惑地望着他们一向敬佩的老师。一个月后，赵老师把一块满是窟窿眼的火山岩带进课堂，同学们都惊讶地张大了嘴巴。原来，石头上面竟然真的开出了一朵鲜艳的花！从此，再没有人说小玲傻了，她愉快地度过了小学时光。长大后，她成了一位有名的童话作家，创作出许多精彩的童话故事。

　　"没想到，赵老师会因为我的一句话，千里迢迢托朋友找来一块火山岩，细心地种上了花。这让我相信，只要不懈努力，没有什么是不可能的……"成名后的小玲对老师感恩不已、念念不忘。

　　是的，相信石头会开花，就是相信路是人走出来的。孩子被接纳，生活在欣赏里，就产生了自信；生活在赞扬中，就学会了自爱。反过来，孩子如果长期生活在批评中，就学会了指责；长期生活在敌意里，就学会了争斗。

不要以爱的名义伤害孩子

错位的爱会压垮孩子

某地一名 13 岁的初中男孩因为通宵上网被父亲暴打，留下遗书后轻生了。与他生命一起消亡的，是其父亲的"梦想"——"只要再有几年，儿子考上大学，我买辆奥迪，我的梦想就实现了"。

儿子死后，父亲依然不忘自己破灭的"梦想"。为了这个"梦想"，他每天工作近 20 个小时，根本没时间好好和儿子说一说话；为了这个"梦想"，他拒绝了儿子看画展、看车展的请求，除了成绩，他什么也不关心；为了这个"梦想"，在儿子不堪学习重负，要求从重点班调到普通班的时候，他随口敷衍，要儿子再"撑一撑"；也正是因为儿子沉迷于网络游戏彻夜不归，眼看着"梦想"渐远，丧失理智的父亲当众疯狂地抽打儿子，打掉了儿子对生命的最后一丝眷恋……

"我们两口子辛辛苦苦，都是为他好，他却不争气！"在孩子死后，他这样说道。听，这句话是多么熟悉！不知道有多少父母把这句话挂在嘴边。然而，让我们再想想这个男孩仅仅13年的生命旅程吧。有欢笑、有泪水的短短旅程，花朵还不曾完全绽放就已凋谢。他也曾在父母膝下欢绕，也曾心怀梦想，然而，他逐渐变成学习的机器，生活越来越没意思。他在日记中写道："每天的作业都要到夜里十一二点才能写完，白天很困，没法集中精神听课；想从重点班调到普通班，爸爸没同意；想和好友考同一所中学，爸爸没同意；上初中后想去军训，爸爸担心我去上网，又把钱收回来了。如果能，真希望有双翅膀，带我远离这烦恼的城市……"

不知道有多少孩子像这个男孩一样，学习和心理的困境得不到父母的理解和引导，负面的情绪和压力无处宣泄，内心的希望和动力一点点被枯燥的生活消磨掉，只能写日记抒发自己的无奈和苦恼。有些孩子开始寻找其他精神寄托，逃避现实生活中无法面对的重荷。比如这个男孩，他开始沉迷于网络游戏。这本是长期亲子关系恶化、家庭教育有缺陷的结果，其父亲却因为看到孩子不符合自己设定的轨迹，便使用暴力扭转孩子偏离的方向。儿子要的只是理解、温暖、爱与关怀，父亲给的却是不满、责骂和压力。父亲的梦想之重，压垮了儿子羸弱的肩。

在现实生活中，父母对孩子错位的爱比比皆是：口口声声"为了孩子好"，却只把孩子当作自己的附属品，从不尊重孩子的独立意志，甚至不懂得维护孩子的自尊心。自尊心是孩子精神人格的核心，父母用打骂和恶意批评摧残孩子的自尊心，使其尊严消失殆尽，却又期待着孩子好学上进、力争上游，这根本是不可能实现的。

真正的爱有助于人的成长

父母都爱自己的孩子。孩子延续了我们的生命，使我们的人生完整，赋予我们更多的生活内容和意义；抚养孩子的过程使我们更加理解自己的父母，也对自我有更深的了解，体会付出爱与收获爱的幸福感觉，甚至重温自己童年的感觉……仔细看一看，以上都是孩子带给我们生活的改变和完善。可对于孩子呢，他最渴求得到的又是什么？

孩子渴望父母把他作为独立的个体来尊重，否则孩子可能会丧失对生活的希望。孩子虽然通过父母来到人间，并借助父母的力量获得生存的资源，父母却不能因此剥夺孩子的主体地位，替他主导一切。父母要让孩子用自身的能量找到幸福。

我上大学时，有一位比我高许多届的学长王尚义，他曾出版过一本小说和散文的合集，书名为《野鸽子的黄昏》，很受年轻人的追捧。他学习成绩一直非常好，而且从小就对文学有很浓厚的兴趣。但是在高考前，母亲坚持要他读医学院——在那个年代，有一个当医生的孩子是值得父母骄傲的事。

王尚义当时一心想要念中文系，并为自己的理想多次抗争，但母亲软硬兼施，反对到底："念什么专业不好，为什么非要念中文，将来会有什么出息？别人是想要念医科没这个条件，你是有条件却不想念！"后来父母还是决定了孩子的"前途"，王尚义也如他们所愿，考上了台湾大学医学院。他母亲很高兴，感觉很骄傲。王尚义却终日不快乐。

　　医学院的课业是相当繁重的，王尚义隐忍地读完 7 年，也如母亲所愿当了医生。他在大学期间仍坚持自己的爱好，热爱读书与写作，一有空就写散文，笔耕不辍，发表了很多散文。他的散文写得很美，大家都把他视为才子。但是，长期累积在心中的压抑情绪终为王尚义种下了病根，加之从事自己不喜欢的工作，短短 3 年时间，他就抑郁成疾。

　　直至今天，仍有许多父母牺牲孩子的兴趣与幸福而不自知，因为他们全然没有"用心"去理解孩子内心的呼唤与需求。

　　父母需要协助孩子规划人生的方向，但这是孩子自己的人生，不是父母的人生；是孩子未来的方向，不是父母的方向。

　　真正的爱有助于人的成长，父母付出爱，自己也将获得成长。所以，爱绝不是强迫和一厢情愿，爱是艺术，爱是能力。请父母不要再以爱的名义伤害孩子！

保护孩子的"感受银行"

　　每个人的大脑里都有一个"感受银行"。人生中，尤其是童年时期的经历和各种感受，都会像存款一样存入感受银行。一个储存了大量快乐感受的人，会充满热情与勇气，在面对困难时，勇于迎接挑战，随时可以提取丰厚的快乐"存款"来抵御生活中的风寒和不顺。相反，一个储存了大量痛苦感受的人，内心往往充满怨恨和不满，成年后如果没得到及时疗愈和修正，轻则牺牲自己的感受去迎合他人，重则要么伤害自己，要么攻击他人。

我有一个女学生，她四五岁的时候，父母经常吵架，给她造成很大的心理阴影。最后父母离婚，她跟随父亲生活。一年后，父亲再婚，继母对她不错。但不久，继母生了一个儿子，父母把精力都放在了儿子身上，对她关注不够。13岁那年，有一次父亲冤枉了她，狠狠责备了她。回到学校宿舍后，她越想越气，企图轻生。可真的做出伤害自己的行为后，她又惊吓不已，觉得就这么死去很不甘心，跑到学校医务室请医生救治。从那一刻开始，她下定决心，将来要当一名心理咨询师，不仅要疗愈自己心中所受到的伤害，也希望能够帮助更多的人。

幸福的人可用童年来治愈一生，而不幸的人却要用一生来治愈童年。那么，如何让你的孩子在"感受银行"里储存大量的快乐因子呢？答案就是在孩子年幼时多陪伴他，用爱善待他、关怀他、滋养他、引导他、教育他，做他的知心朋友、人生导师、啦啦队队长、精神供氧者。他成功了，跟他一起分享喜悦；他遭遇到挫折和失败时，陪伴他、理解他、鼓励他、肯定他，帮助他站起来面对新的挑战。

父母最大的过失就是伤害了孩子的感受系统。孩子的感受系统是极其敏锐的，哪怕是很不起眼的小事，对孩子来说可能是天大的事，从而影响他的一生。对一个人来说，感受是他生命质量的衡量标准之一，父母要懂得保护孩子的"感受银行"。

好的亲子关系
是教育的根基

"风物长宜放眼量"，父母一定要把目光放
远，关注孩子一生的发展，才能深刻体会
亲子关系的重要性。

好的亲子关系胜过刻意教育

父母和孩子的关系更像朋友

我和我先生非常注重对孩子独立性的培养，对孩子们的学业管得不多，每个孩子都是自己选择大学和专业，再征求我们的建议。

在我和我先生的观念里，孩子和父母是平等的，他们是独立的个体，都有属于自己的个性和梦想，而且早晚要独立生活。所以，让孩子拥有独立、健康和完善的人格比什么都重要。在他们小的时候，我们努力创造充满爱的环境，用鼓励、支持和信任陪伴他们长大。我们和孩子的关系更像朋友，在家中，每个人都感到放松、自由，每个人都可以敞开心扉。在碰到生活问题或经历心理困惑时，孩子们都非常信任我们，会向我们倾诉，希望得到我们的建议和帮助。

心理学家认为："好的亲子关系胜过教育。"现在想来，我年轻时不懂什么教育理论，从没刻意地教育过他们，也没有预先设定过他们的发展路径。我只是发自内心地爱孩子，用心地对待他们每一个人，尽力满足他们的情感需求，耐心陪他们长大。没想到我这种无意识的教育竟然契合了现代教育理念。

孩子们在和谐的亲子关系中长大，自然就接受了我和我先生的价值观念，两代人沟通一直非常顺畅。他们每一个人都是合格的社会人，遵纪守法，诚实守信；都热爱生活，学业有成；都对家庭有责任感，关爱家人，孝敬父母；都心怀梦想，并一直在为之奋斗。

亲子关系可以世代相传

2012 年，我和小女儿芳芳前往中东国家巴林，和大女儿元元一家团聚，共度假期。与此同时，儿子平平从芝加哥飞到纽约和爸爸团聚。其间我们通过网络电话相互问候、关怀彼此，虽然远隔万水千山，一家人的心却紧紧连在一起。

在为期 10 天的假期生活中，我们母女三人每天一起聊天、做饭、购物，其乐融融，像朋友一般轻松惬意。外孙和外孙女，一个 7 岁，一个 5 岁，正是可爱的年纪。我每天和他们在一起玩、一起笑、一起闹，在房间里捉迷藏，在花园里比赛蹦床，开心得简直忘记了自己的年龄。孩子们也一样，做什么事都喜欢缠着我。在和他们玩得不亦乐乎的时候，我常有时空穿越的错觉，好像自己又回到了几十年前，陪伴元元、芳芳、平平一起玩。

我相信亲子关系是可以世代相传的。当年我和孩子们亲密无间，现在元元和她的两个孩子也亲密无间。年轻时我讲给她听的故事，现在又通过她的讲述滋润孩子们的心田。

在巴林期间，每到夜晚临睡前，我都要像元元和芳芳小时候一样给她们每人一个晚安吻，元元也要给她的一双儿女每人一个晚安吻。元元感叹："妈妈，我现在结婚有了孩子，可您还那么爱我，这让我觉得好安心、好温暖……家真的是世界上最温暖、最安全的地方。"

元元学业和工作表现都很优秀，教育起孩子来也有模有样。这次假期，我和元元有一个下午单独相处的时间，她像从前一样，和我说了很多心里话。

她说："妈妈，我18岁念大学离开了家，到28岁结婚，这中间的10年我们聚少离多，家庭生活的美好几乎被我淡忘了。但是，当我组建了家庭，生养了孩子，并一天天看着他们成长，曾经的一幕幕又都回来了。当年你和爸爸拉着我的手，一起去公园、游乐场的欢乐还在我心头荡漾；我们一起走亲访友，那情景是多么清晰……有好多次我和孩子沟通的时候，脑海中浮现的就是您当初对我说话时的神态和语气，我不知不觉中就模仿起了您的口吻……妈妈，感谢您和爸爸给了我一个幸福的家，这笔财富永不枯竭。"

元元和她的丈夫感情非常和谐，芳芳和她的男友的相处也很好。我们的孩子早晚有一天都要脱离父母，脱离原生家庭，建立自己的家庭。如果原生家庭的氛围很好，他们就知道如何和伴侣相处，如何与自己的孩子相处，甚至如何与伴侣的家庭相处。从中受益的不只是孩子自己，还有他们未来家庭中的每个人。

"风物长宜放眼量"，父母一定要把目光放远，关注孩子一生的发展，才能深刻体会亲子关系的重要性。只有家庭关系和睦了，亲子关系顺畅了，家中的每一个人才能享受生活，安心做自己该做的事，努力把该做的事做好。孩子的正能量从哪里来呢？就是从温暖的家里来，从父母的微笑中来，从家人永远的支持中来。孩子带着正能量到社会上，会给每一个与他有关的人都传递正能量，这就是家庭对社会的贡献。

平等的家庭氛围是孩子成长的沃土

平等是一个生命对另外一个生命的敬畏，是一颗心与另一颗心坦诚相对的基础。平等没有充满威严的命令，只有和善友好的话语。成熟的父母选择与孩子平等相处，因为这是使孩子走向独立、成熟的有效途径，可以把孩子培养成自觉、乐观向上、有责任感的人。

平等，意味着不强制

我有一个朋友是单身母亲，她培养出了一个非常优秀的女儿。我看这个女孩知书达理、乐观开朗，丝毫没有一些单亲家庭孩子的忧郁和敏感，就问朋友是怎样教育女儿的。她说："没有教育啊，我觉得她生来就很优秀、讲道理，我会听她的话，她也非常听我的话。"我让她再解释一下，她笑着说："我可能不像是她的妈妈，更像是姐姐。她从小没有爸爸，就我们

两个相依为命，我就把她当成大人看，什么都和她商量。家里
吃什么用什么、假期怎么过，都是两人一起决定的……有时候
我心情不好，就跟她说说；她碰到困难，也会向我倾诉。"

父母和孩子平等相处，意味着家庭教育不强制。比如我的朋友，母
女之间彼此尊重、信赖、欣赏。妈妈以平等的姿态对待女儿，她没有强
制孩子的行为，也没有强制孩子的心态。

强势管教对亲子关系的破坏力最大

很多父母表示很难做到平等："小孩子什么也不懂，平等了还怎么
管教？那还不无法无天了！"的确，父母和孩子的身份差别很大：一方是
监护人，一方是被监护人；一方掌握着生活资源，一方没有独立生活的能
力。但孩子与父母的人格是平等的，对"尊严"和"被人尊重"有同等要
求。平等不是说父母和孩子要"完全相同"，而是要平等相处，父母不能
仗着自己的家长地位就使用强权，这对亲子关系的破坏力是最大的。

有一位父亲事业成功，生意做得很大，但他总是高高在
上，对待员工很专横，对待妻儿也很专横。在他的观念里，只
有自己是值得尊重的，因为他给了员工工作机会，给了儿子生
命，给了妻子养尊处优的生活。所以，他对孩子说话从来都是
命令式的，没有任何商量的余地；对妻子也毫不留情，甚至在
外面有了情人。

有一天，他回到家，发现正在读五年级的儿子在看电视，
他上前"啪"的一声把电视给关了。儿子没有抗议，而是一声

不吭地回了自己的房间。对于父亲的做法，他早已习惯，所有的委屈、不满都被他记在日记里。在这之前，有一次他写作业时，停下来给同学发信息。父亲正好生意不顺，就把火全撒在他身上。父亲一把夺过他的手机，直接扔进了垃圾桶，指着他的鼻子教训道："就知道玩手机，你以为养你容易？有本事长大自己挣钱买手机！"他气得眼泪在眼眶里打转，却咬住嘴唇不敢哭出声，因为每次他一哭，父亲就怒火更旺，还会骂他"哭哭啼啼不像男人"。

过了几年，父亲得了重病，公司被迫易主，他每日唉声叹气，躺在床上由妻子和儿子照顾。有一次吃饭，他又以命令的语气让儿子为他盛饭，正值青春期的儿子再也不是那个逆来顺受的小男孩了，他回敬道："你又不是没手没脚，凭什么让我盛？你不是让我学习吗？我现在要写作业去了！"父亲气得不得了，当即破口大骂。儿子却丝毫不怕："别以为你生了我就可以侮辱我，告诉你，我觉得自己是你的儿子太倒霉了。这么多年，你把我们当过人吗？"

这位盛气凌人的父亲终于吃下了自己酿的苦果。这样的父母并不少见，他们认为自己供孩子吃、穿、上学，自己就永远正确，可以发号施令，而孩子就应该感恩戴德，对自己完全服从。从某种意义上来说，他们只把孩子当成私有财产，而没有把孩子当作一个与自己同样具有尊严的人。他们企图全权控制孩子，做错了懒得解释，更不会道歉。孩子反抗他们的命令，就会受到辱骂和威胁。

强势管教貌似立竿见影，大多数孩子立即就会服服帖帖，殊不知这种效果是短暂而表面的。孩子在父母面前像"猫"，背着父母就变成

"虎"。最重要的是，强权会埋下恨的种子，父母不平等地对待孩子，首先会使孩子感到自尊被剥夺，产生屈辱感，继而产生恨意。其次，孩子长大后，容易不尊敬父母。孩子不会永远是孩子，早晚有一天他们的力量能够和父母抗衡——"现在我小没办法，等着瞧，以后我长大了看你能把我怎么样！"最后，孩子可能会破罐子破摔，父母打骂都不再管用，亲子关系陷入僵局。有的孩子会染上网瘾，有的甚至会离家出走，发展到完全不可收拾的局面。

毋庸置疑，父母在社会阅历、生活经验等方面都要优于孩子，孩子理应虚心接受父母的教诲。孝顺父母、尊敬长辈也是孩子应有的观念和行为。但这并不意味着父母有权居高临下地管教孩子，用打击孩子的自尊来巩固自己的权威。正确的观念是：父母平等地与孩子相处，给孩子发言权，懂得倾听，给孩子知情权、参与权和选择权，家庭的公共事务要解释给孩子听，让孩子发表意见，孩子的事酌情让他自己做决定；还要敢于认错，勇于向孩子道歉。

父母有童心，孩子最开心

曾经有一个针对小学生的调查："你最喜欢什么时候的父母？"答案几乎都围绕一个主题："当爸爸妈妈变成小孩子的时候，我最喜欢他们。"这答案表达了孩子对父母与他们平等相处的渴望。因为，父母只有"变回"孩子，才能和自己的孩子"共情"：一起玩、一起疯、一起闹、一起幻想、一起听故事……两代人处于同一种心情下，实现心灵零距离。我想，这等于要求为人父母者保有童心，尽管已经是成年人，却能使自己恢复童年的活力和单纯，把自己"清零"，把心"放空"，忘记现实的纷扰和琐碎，用孩子的眼光打量这个世界。

换位思考才能沟通无障碍

和孩子沟通是一门大学问。由于年龄差距大，父母和孩子在思维方式、知识结构、经历体验上都相差悬殊，再加上彼此站在不同角度，沟通起来并不容易。很多家庭的亲子沟通都是有问题的，父母在孩子小的时候哄骗、威胁、敷衍，等孩子大了就压制、说教、唠叨，这样做的结果只有一个，那就是孩子早早关闭了和父母之间的沟通渠道。

沟通要找对时间、找准话题

父母和孩子之间缺乏心的交流，彼此的世界对方无法进入，危害显而易见。大部分问题青少年不和父母沟通，网瘾、厌学、抑郁症、离家出走等问题背后往往存在亲子沟通的危机。有一位父亲对我说："孩子已半年多没和我说过话了，真不知道他在想些什么。我感到自己很失败。"

亲子关系需要经营，亲子沟通需要学习。那么，父母怎样做才能和孩子沟通畅通呢？

　　父母和孩子沟通，要注意找对时间。一般来说，孩子心情好、兴致高的时候，沟通效果比较好。比如孩子刚刚赢了一场比赛，刚认识了一个新朋友，或者对某个社会现象特别有想法，这个时候孩子的头脑特别活跃，有交流的需求。只有沟通的气氛对了，孩子才会说出内心的想法，此时父母顺便提一些自己的想法或期望，孩子往往比较容易接受。

　　更重要的是，沟通要找准话题。很多父母感兴趣的话题就是学习、成绩，孩子刚进家门，水还没喝一口，父母就问："今天上课怎么样？考试了没有？成绩出来了吗？"这种话题非常敏感，孩子内心会反感，会认为父母关心成绩大于关心自己，因此不适合在此时说。亲子沟通的重要原则是换位思考。想一想，如果你累了一天回到家，孩子见了你张口就问："爸爸，你今天发工资了没有？什么时候才能升职？"你能接受吗？如果孩子这样说："爸爸，你今天上班累不累？"这种话听起来就温暖多了。

　　不要总把话题局限在学习和成绩上，而应该更多地关注孩子心理和精神上的需求，使孩子和自己的心贴近。和谐的亲子关系中，沟通是第一位的。只要孩子和父母总有话说，愿意和父母说出心里话，亲子关系就不会有什么问题。亲子关系好，父母的话孩子才能听得进去，才有可能使教育更加有效。

　　父母和孩子沟通，一是交流情感，二是交流想法。建议父母多和孩子聊生活中的事，多聊孩子感兴趣的事。比如，孩子喜欢足球，父母可以多和孩子聊球赛、聊球技。孩子被挑起兴趣，就会产生说话的欲望，聊天的过程中会流露出真实的情感，掺杂自己的思想和观点，父母从他的言谈话语间便可把握他近期的心理状态。总之，从兴趣出发的交流更容易打开孩子的话匣子，使孩子产生放松愉快的感觉。

父母不要端着架子和孩子说话

端着父母的架子和孩子说话，很难让孩子产生亲密感。而且，沟通不要有太强的目的性，像朋友那样的闲聊效果是最好的。

我和我先生对三个孩子就没有架子。我们每个人都可以保持自己的不同观点，但仍然相互理解，相处融洽。如果发现哪个孩子做了错事，我们会指出，但方式是温和的，有时甚至是幽默的，不会责骂，更不会用话语恐吓或威胁。如果看到爸爸妈妈哪些地方做得不对，孩子们也会在家庭会议上指出来。

还有，平时父母一定要和孩子多接触。

我有一对做生意的朋友，夫妻两人都是大忙人，快 40 岁了才生了一个儿子。孩子不满半岁，夫妻两人就继续为生意打拼，孩子一直由保姆照看。现在孩子已经十几岁了，由于和父母接触少，他很缺乏安全感，性格偏执易怒，对父母的管教非常抵触，在学校还总打架。孩子已经成了我朋友的一块心病，每次聊起来他们都摇头叹息。

我对他们说："孩子的问题其实是你们自己造成的。你们错过了他宝贵的成长关键期，和他相处的时间太少。他不接受你们，自然不会听你们的管教。现在开始关注，'亡羊补牢，未为晚也'，一定要放下工作多陪孩子。"

有一种理论认为，亲子之间的"快乐时间"和"管教时间"的比例大致是 7∶1。如果快乐时间很少，全都是管教时间，那么这种管教效果会很差，甚至会产生副作用。管教时间之所以多，往往是因为父母平时很少有时间陪孩子，都在外面忙自己的事，一旦见了孩子，就要"履行做父母的职责"，唠叨、否定、说教，把孩子的缺点一一指出来。这样的沟通对孩子来说简直是灾难，孩子特别反感。沟通的意义在于对方的回应，如果孩子关上了沟通的渠道，父母的教育就失败了。

父母多学习，跟上孩子的脚步

有些父母向我诉苦：儿子越大，和自己越没话说；女儿越大，越嫌弃自己"土"。其实我们完全可以把这些看作积极的信号，转变观念，开动脑筋，满足孩子与我们沟通的需求。比如，妈妈完全可以和儿子聊体育。自己不懂，就让儿子当讲解员，通过给自己"扫盲"，让孩子产生当"老师"的满足感。共同话题一多，母子之间就很容易拉近距离。

其实父母被"嫌弃"，往往不是形象上的问题，而是父母跟不上时代，不学习新事物。父母不要给孩子定位，更不要轻易给自己设限，要通过实际行动靠近孩子，这样的沟通态度会让孩子敬佩、感动。

成功的亲子沟通包含理解、关怀、接纳、依赖和尊重。真正的教育蕴藏在生活细节当中，真正的教育者要做到有心而无痕。但愿父母们都能学会换位思考，做孩子的情感安全基地，早日和孩子建立深入畅通的沟通模式。

少说多听，让孩子自己解决问题

只做听众就能知道孩子怎么想

　　父母常要求孩子"听话"，实际上父母也应"听话"——倾听孩子讲话。在成长的过程中，孩子的最佳听众便是父母。无论你工作多忙，每天哪怕抽出一小时、半小时甚至一刻钟，只要有时间，一定要听一听孩子说话。

　　倾听是改善亲子关系最有效也最简单的方法之一。倾听也是一门学问，需要好好学习。当一些父母来问我如何改善亲子关系时，我给出的建议中总包括这一条——"少说多听"。只要父母能够做到倾听，很多教育难题都能迎刃而解。

　　一位女士嗓子失了声，医生说她这种状况还要持续好几天。她儿子放学回到家，一见她就说："我再也不去上课了，我恨死许老师了！"她听了大吃一惊，要是平时她早就制止儿子，不许他胡说八道了，可是今天她什么也说不出来，只能看着儿子，静静地听他说。儿子趴在她腿上，流着眼泪继续说："今天，许老师冤枉我了。我没搞小动作，她却说肯定是我，真不讲理！"她能感觉到儿子说的是真话，很想安慰他，但是不能说话，就用手轻抚着儿子的背。过了一会儿，儿子似乎从坏情绪中走了出来，他站起来说："许老师平时对我还是不错的，也许她只是一时没搞清楚。现在我要去写作业了。"然后又搂了她一下，"妈妈，今天您真好，能够听完我说话。"说完，他就回房间写作业去了。

一个非常偶然的机会，使这位母亲发现了倾听的妙用。原来自己什么话都不用说，只做听众就可以知道儿子是怎么想的。更令她惊喜的是，儿子自己就会分析问题，并不需要她讲一堆大道理，而且，儿子自己也会调节好情绪。她几乎要感谢这场病了，看来以前她总说教、总唠叨，真的会给儿子带来困扰，一点也没有安静倾听来得有效。

父母愿意倾听，孩子才会倾诉

父母只有认真倾听，孩子才会觉得自己被接纳，才会放心地倾诉。如果父母滔滔不绝说个不停，一边说一边还指手画脚，孩子根本没机会说话，巴不得赶紧逃跑。大人总怕孩子思想出界、行为出格，其实想和做是两回事。孩子说话常常显得幼稚、意气用事，但很多时候他们只是想宣泄一下情绪。对孩子一些出格的言语，父母应该引起重视，但是不要立刻喝止，等等看孩子还有什么话，一定要让孩子把话说完。

家是最自由的地方，应该让孩子少一些顾忌，多发表自己的看法。

如果家里不自由，孩子只能到外面寻找倾诉的对象，和父母就越来越疏远了。假如孩子交到益友还算幸运，就怕孩子交了损友，或者通过其他不正当的途径发泄情绪，就容易失去控制而走上歧途。

换位思考一下，其实，大人在生活、工作中也难免会说气话，比如发发牢骚、赌赌气之类的，这都是正常的情绪释放，是人之常情，偶尔为之反倒有助于心理健康。大人都如此，更何况孩子呢？

再假设这样一个情景：你上班遇到一件烦心事，下了班找到一位好朋友想倾诉一番，但你话还没说完，他就立即打断，严肃地告诉你这么想不对，然后开始说他的观点，还给出很多建议。我想这时候你的心情恐怕更糟，并暗暗后悔告诉他这件事。

倾听其实并不难做到，就是要有一颗尊重孩子的心，有一张少做评价的嘴，有一双关注的眼睛。在孩子说话的时候，适时配合一些简单的话语，比如："嗯，你是这样想的啊！""那你一定很难过（伤心、生气、高兴）吧！""然后呢？"这些简单的话语让你和孩子沟通保持连贯性，不使谈话中断。孩子在不受人打扰的情况下，自己渐渐就能理出思路，整理好情绪。

唠叨只会令孩子反感

现实生活中善于倾听的父母太少了，喜欢唠叨的父母太多了。美国现代成人教育之父戴尔·卡耐基曾说过："在魔鬼发明的所有恶毒办法中，唠叨是最厉害的。它就像眼镜蛇蛇毒一样，总是具有毁灭性，置人于死地。"

唠叨不仅杀伤力大，还毫无助益，最令孩子反感。它只会打击孩子的自信心，降低孩子的自尊心。唠叨和药物一样，过度使用就会让人产生"抗药性"。孩子听到父母说的同样的话，日复一日，年复一年，为了保护自己，他就会"选择性失聪"。于是经常会发生的情况是，父母喋喋不休，孩子走神或"神游"。

既然唠叨不管用，为什么还有那么多人选择用它教育孩子呢？我认为，父母正是因为不知道如何和孩子沟通，才会本能地以自己的经验，一遍又一遍提醒孩子。这样看来，唠叨体现了父母的一种无奈。父母如果能够认识到这一点，转变态度，寻找更积极有效的沟通和教育方式，或许就能把话说进孩子的耳朵里，说到孩子的心坎上。

理解孩子，也要让孩子理解你

理解孩子是需要学习的

父母越是能够感受孩子的内心世界，孩子越是能够体会父母的良苦用心，两代人的关系就越趋于融洽。父母要具备理解力、同理心，努力去理解孩子。当然，孩子也要理解父母。理解是人与人的关系中比较难达成的一种状态。

理解孩子是需要学习的，因为父母和孩子处于不同的状态，其思维方式也存在差异。成年人早已远离孩子的世界，如果要理解孩子，必须有一个重温的过程，回想一下自己小时候是怎样感受这个世界的。如果这些记忆早已淡忘，就必须拿起书本学习。

我一个朋友的女儿2岁了，每天进家门前都要和大人抢钥匙开门。因为手劲小，她并不能把钥匙拧到位，因此根本打不开门，但她乐此不疲，把钥匙拔出来，插到锁孔中拧来拧去；

再拔出来，再插进去拧，有时甚至能忙上半个钟头。朋友就在旁边等着，不催孩子，也不着急，什么时候女儿把钥匙给她，什么时候她才开门进去。

朋友告诉我，她知道女儿正在探索一个未知的世界，用所有热情和专注力解决她感兴趣的问题。反复尝试一段时间后，有一天，女儿终于自己打开了门。她说，在那一刻，女儿的表情充满自豪，就像一个凯旋的胜利者。

对于习惯急匆匆开门进屋的大人来说，自己几秒钟就能完成的动作，又有谁愿意等上半小时交给孩子去做？所以，有人用玩具哄骗孩子进了屋；有人不耐烦地催促孩子进了屋；有人则认为没必要惯着孩子，凶巴巴地拖着孩子进了屋。如果孩子不从，打滚哭闹，则很可能换来一顿打。父母认为这是小事，但在孩子眼里这是比进屋更大的事情，他无法理解为什么自己的需要会换来一顿打骂。这样做的父母，无疑欠缺理解孩子的能力。

理解孩子的确是一件不容易的事，既要了解孩子的发展状态，又要了解孩子的心理状态。每个年龄段的孩子都有不同的特点，每个孩子的心理状态也是不同的。父母要学的东西有很多。当不能理解孩子的某些做法，而孩子一定要坚持时，父母一定要问个为什么，或者不妨做"听话"的父母，看看孩子到底想干什么。

别一厢情愿地爱孩子

理解是爱的最高层次。有的父母对孩子的爱往往不包含理解，他们爱得盲目、感性、自私，包办一切、望子成龙、干涉过多，这样的爱简而言之就是"己所欲，施于人"，造成亲子关系紧张。

父母如果不能或不愿理解孩子，一厢情愿地爱孩子、教育孩子，爱的内容就很可能和孩子的需求南辕北辙，施与受的双方都会感到痛苦。最无助的还是孩子，因为他们没有选择。而且，这样的父母往往同样也得不到孩子的理解。

那些被迫服从父母的孩子，往往性格被动、惰性很大，对父母的"理解"中总夹杂着怨气。有的孩子则因为失去自我而变得冷漠扭曲，他们努力实现父母的期望，也心安理得地享受父母提供的一切。他们认为父母所做的一切都是应该的，甚至是欠他们的。这样的孩子永远不可能站在他人的角度考虑问题，自然也无法理解父母的苦心。

2011 年，在上海浦东机场，一名赴日留学生与前来接机的母亲发生争执，用水果刀对母亲连刺数刀，致使母亲当场昏迷。这名留学生在日本 5 年，但买衣服都是名牌，所有生活费、学费全靠家里。而他将母亲刺伤的原因，竟是嫌母亲寄的钱少，寄钱迟了！

这名留学生从小成绩不错。父母离婚后，他跟着母亲，母亲把所有希望都放在他身上，对他非常溺爱，总是有求必应，过分迁就。后来，他中考失利，亲子交流变少。为了让他有出息，母亲决定送他去日本念书，由此背上了沉重的经济负担。他在日本每月的开销平均高达 3 万元人民币，母亲拼命工作，四处借债。但他丝毫不关心母亲，每次打电话回家，内容只有一个，就是要钱，根本不过问母亲的身体状况、工作和收入情况。母子关系渐渐变得只剩下金钱关系。当听母亲说家里没钱供他继续读书时，愤怒之下他丧失了理智，竟挥刀刺向生他养他、辛苦供他念书的母亲！

　　昏迷的母亲被抢救过来后，还在替儿子申辩，不希望他因此受到法律的制裁。这个母亲用盲目的爱、落后的教育观念，培养了一个自私冷血、失去人性的人。

这一悲剧发人深省，但造成这样局面的人，不是别人，正是这个母亲自己。我很关注这件事情，看了很多报道，发现这个母亲是"望子成龙""包办一切"的典型。做母亲的虽然辛苦，却只知道满足孩子物质上的需求，忽略孩子精神层面的需求，以致孩子只知索取，不懂感恩，更不会理解母亲的艰辛。

站在孩子的角度想问题

　　其实，要让孩子理解父母，这仍然是对父母提出的要求。因为孩子通常不会自觉地理解大人的想法，需要父母教他们。怎么教呢？既要用话语，更要靠行动。

　　父母如果在孩子的成长过程中，一直努力地去理解孩子，愿意站在孩子的角度想问题，尝试体验孩子的感觉，不压制和否定孩子的感受，久而久之，孩子就会习得同样的思维和行为方式。随着年龄的增长，他们的理解力发展到一定程度，便自然会主动关怀父母。所以，要孩子理解父母，其实和父母要理解孩子是同一个命题。

　　在我家，每个孩子在成长过程中都获得了尊重、理解和自由，但即使如此，他们在青春期的时候，也会叛逆，较难沟通。比如小女儿芳芳，她在青春期时有一段时间很情绪化，什么事都要反着来，听不进我的意见，尤其是放学后回家比较晚，着实让我担心。我尽管心里不高兴，非常想知道她晚上去了哪里，怕她交到不好的朋友，但仍然很注重沟通的方式。

有一天，芳芳又很晚回来。我对她说："芳芳，你这么晚回来，妈妈真的很担心你。你没回来，妈妈也不敢睡，心里一直挂念着你。"我说的是心里话，语气也很真诚，从始至终一句也没有埋怨她。我这样做是希望她能够理解我，理解我对她的爱和担心。因为我们母女关系一向很好，我这样说出自己的感受，她会有内疚和不安的感觉。果然，以后芳芳晚归的次数少了很多。

值得一提的是，父母的生活和精神状态越好，越能理解孩子。自信、开放、乐观的父母，总有能力和意愿去学习，去理解孩子；消极、封闭的父母，对学习失去兴趣，对探索孩子失去兴趣，自然也谈不上理解孩子。

理解这一亲子互动模式，要求父母的爱拥有更多理性和前瞻性，要求父母了解更多的教育知识，要求父母的情绪管理更加出色。但是一切付出都是值得的，如果你的孩子有一天知道体恤你的辛苦，了解你的付出，并学会站在他人角度考虑问题，那么你不仅培育出了一个成熟的孩子，更多了一个贴心的朋友。

孩子是父母的一面镜子

孩子的错可能是父母的错

有的父母在自己孩子面前一点也不注意，以为在家什么都可以说，什么都可以做，不知不觉就给孩子做了坏榜样。

有一个男孩在学校经常欺负女生，还总说"你们女孩有什么用，将来还不是给人传宗接代的"。这么无礼又无知的话引起了女生的"公愤"。老师到男孩家中了解，发现他的爷爷、奶奶、爸爸都是男权思想特别严重的人，在家中经常说一些歧视女性的话，妈妈虽然不认同他们这样教孩子，却无奈一个人敌不过三个人的影响力。这个男孩就是这个家庭的镜子，照出了家庭关系中的不平等，照出了家庭成员思想中存在的问题。如果不改变，很难相信这个孩子将来会获得别人的尊重，会懂得尊重女性，说不定长大后还会在婚恋问题上栽跟头。

孩子是天生的学习者，他们对父母讲的大道理不太留意，却会模仿父母的言行，甚至克隆父母的思维方式，将他们好的和坏的想法一并接收，化为己有。孩子表现优秀，往往是父母的积极影响在起作用；孩子表现不佳，不妨从父母身上找找原因。正所谓"孩子的错可能是父母的错，有问题的孩子背后，很可能是有问题的父母或亲子关系"。所以，请一定不要忘了，在你随心所欲地说话时，身后正有一双纯真无邪的眼睛在默默注视着你。给孩子讲道理之前，要先想想自己的行为能否达到要求。

成熟的父母具有自省能力

教育孩子实际上也是自我教育的过程，父母要和孩子共同成长。成熟的父母具有自省能力，既了解自己对孩子的意义，又能够反省自己的行为。如果欠缺这种能力，总把关注的焦点放在孩子身上，揪着孩子的问题不放，只会治标不治本。这就好比你照镜子，看到镜子里面的你脸上有个黑点，拼命在镜子上面擦，是怎么也擦不去的。

我的一个朋友几年前为了照顾孩子而辞去了工作，开了一家网店在家工作，闲暇时间学了不少教育理论。但是，令我感到意外的是，她说她处理亲子关系时困扰并不比别人少。"一碰到孩子做出格的事，我就会发火，无法控制情绪，使用那些明知道会伤害孩子的方法去处理问题，学的知识似乎全忘在了脑后"。

朋友和她母亲的关系不太好。她的母亲控制欲很强，总是干涉她的生活，选择专业、择偶、找工作、买房子，什么都管。她今天的生活很大程度上是她母亲意志的体现，而不是她自己选择的结果。所以，她说自己很刻意回避采用母亲那样的教育方法，害怕女儿有朝一日会责怪自己。她一般都比较尊重女儿的想法，亲子关系基本是自由式的。但是，每当女儿的做法和她的设想不符时，她就特别生气，强制女儿按自己的意思办事。这其实和她母亲对她的做法很相似。

　　我对她说："孩子是父母的一面镜子，你就是你妈妈的一面镜子，你从妈妈那里习得了不好的沟通模式。你对孩子生气，其实是在对自己生气，因为你做了理智上不认可的事，内心承受着对孩子的内疚和焦虑。"她很认同。我还告诉她，孩子还小，很多东西不知道，父母该管还是要管的，管不代表不尊重，不管也不一定就是尊重，这要具体分析，不能因为自己的经历就推卸责任。我建议她多和女儿沟通，设法去理解孩子，不能平时"放羊"，等孩子"做错"了再去严格管教。

　　许多父母都认为孩子不懂规矩，实际上是他们没和孩子好好沟通，解释为什么设置规矩。孩子屡屡"出格"，其实是父母没有告诉他"格"（规则）在哪里。如果发现孩子出现某些问题，或者亲子关系中总有一些问题无法解决，父母一定要先想一想，是不是自己有一些思想的"结"无法绕过去。这个时候，父母需要把停留在孩子身上的目光撤回来，放到自己身上。

　　哲学家巴鲁赫·德·斯宾诺莎说过："父母的行为影响了孩子，孩子再把这种行为表现出来。"也就是说，人的心理和行为特点会"世袭"，孩子的表现既是父母行为的反射，又是父母内在状态的投射。当父母表里不一时，孩子就比较难管教。就像我这个朋友的困惑，其实源自她行为和思想的分裂、理智和行为的冲突。孩子表现出来的问题，只不过是帮助她发现了自己而已。

因此，停留在孩子所谓的"问题"上是无用的，父母需要审视自己、反省自身，通过调整自己，达到改善亲子关系的目的。成熟的父母不是天生的，育儿是成年人的第二次成长契机。希望我们都把握好这次机会，不要给自己和孩子留有遗憾。

消除亲子关系中的"残暴基因"

父母如何对待孩子，孩子日后往往也会这样对待自己的孩子。如果父母给予孩子的是宽容和理解，孩子日后也倾向于这样做。对那些童年有阴影的人来说，想做"好父亲""好母亲"就不那么容易了。曾经的受虐者大多数都会变成今天的施暴者，今天忍受暴力的孩子明天会将巴掌落在自己后代的身上，这就是亲子关系中的"残暴基因"，它极具破坏力。

我有一个朋友非常优秀，事业发展也很好，但她总说不快乐，并在孩子3岁时突然辞去工作，潜心研读佛经和心理学方面的著作。这一选择令她身边的很多人都大惑不解。

在一次聊天中她告诉我，她童年的经历非常不愉快。父亲性格暴躁，经常打她，母亲则十分冷漠，从不关心她。她有了孩子以后，一开始深深沉浸在为人母的喜悦之中。但是，她惊讶地发现，随着孩子长大，越来越难管教，她有时竟然不自觉地模仿父母当年的做法，对孩子又打又骂，有一次甚至打到孩子看到她就发抖。这让她非常恐惧，因为她深知被父母虐待是多么痛苦。为了不再伤害孩子，她决定首先治愈自己的心理伤痕，连根拔除爱的"劣根性"……而这整整用了 6 年时间。

亲子关系的形成是非常复杂的。每个家庭的亲子关系都像一面镜子，映射出父母两个人原生家庭的模式；而孩子又是父母的镜子，暴露出父母内心真正的想法。

那些童年经历不愉快的父母，首先要宽容自己，因为曾经受过伤害，带着"心理烙印"，就不能苛求自己教育孩子时尽善尽美；其次，需要认清自己的问题，直面自己性格和心理层面存在的不完善，真诚面对自己是解决问题的前提；最后，寻找正面的精神力量，释放积累多年的负面情绪，通过持续不断地努力，使自己最终摆脱"残暴基因"的控制。

夫妻有爱，家庭才是孩子温暖的港湾

　　一旦为人父母，你们的责任就变得更为重大而神圣。夫妇之道是家庭幸福的关键。教育孩子，夫妻的相互尊重、配合、协调非常重要。社会心理学家艾里希·弗洛姆在《爱的艺术》中，一语道破父母对构筑孩子精神世界的重大作用："母亲是孩子的'自然世界'，父亲是孩子的'思想世界'，孩子从以母亲为中心的依附转到以父亲为中心的依附，最终与他们分离。一个成熟的人，他就是自己的父母，在自己心中同时拥有父亲和母亲两个世界，奠定灵魂健康的基础。"

父母相亲相爱，孩子心灵才健康

　　教育家苏霍姆林斯基认为，夫妻之间的爱是一种无声而有效的家庭教育。夫妻之间的爱情、信任、忠诚和帮助，可以为父母的智慧之树提供营养。他特别对男人提出："记住，你想教育好孩子，首先要真心喜爱自己的妻子。"

有一名俄罗斯的外科医生非常爱他的妻子，每天早晨，他是全家第一个起床的人。起床后第一件事，就是到花园摘一枝鲜花，然后回到卧室插进花瓶里，好让妻子睁开眼就可以看到它。这个习惯他坚持了几十年，在这期间，他们的六个孩子一天天长大了。而且，长大的孩子也和父亲同时起床，做同样的事。随着岁月流逝，卧室花瓶里的花由一枝变成了两枝，之后是三枝、四枝、五枝、六枝、七枝。后来，这名外科医生去世了，但孩子们每次回家，都会给母亲带来鲜花。已经长大的孩子在给年迈的母亲献上鲜花的同时，还代父亲献上鲜花。

苏霍姆林斯基认为，父母真正地相亲相爱，教育出来的孩子温和善良、心灵健康，真诚地相信人性的美好，和他人的关系也非常好，并能捕捉到人与人之间最微妙的美好情愫。

孩子在场，父母不吵架

一位英国学者曾经访问了 20 多个国家，对 1 万名不同社会阶层和种族的孩子进行调查，发现他们无一例外把"孩子在场，父母不要吵架"当作对父母最重要的要求之一。家是孩子的摇篮，是孩子心中唯一温暖的庇护所。如果家庭变成战场，父母的脸上布满阴云或仇恨，孩子内心就会失去基本的安全感，眼前再明媚的世界都将变得暗淡。

然而，很多人并不知道夫妻关系对亲子关系的影响，孩子一出生，夫妻关系就自觉让位给亲子关系。夫妻双方都爱孩子，彼此之间的爱却日渐冷却，而且谁都不愿意主动去修补，任由关系变差，婚姻最后的意义只剩下为孩子存在。现实生活的压力和琐碎，日久天长的摩擦和矛盾，养育孩子的不同观念，往往会让一对原本恩爱的男女形同陌路甚至变成仇人。因为彼此太过了解，夫妻之间说话可以很直接，吵架时一旦失去理智就会无所顾忌，大吵大闹，人性的丑陋暴露无遗。

夫妻吵架时，孩子受到的伤害是非常大的。孩子缺乏鉴别能力，如果心理发育在美好的教育下进行，他们就会相信世界是美好的；如果经常感受到人与人之间残酷的一面，他们就会对人性和未来深深失望。尤其当听到父母用恶毒的字眼形容对方，看到父母用激烈的方式表达不满时，孩子受到的刺激是非常大的。"既然如此痛苦，为何还要在一起，为何还会生下我?！"有些孩子会认为是自己造成了父母关系的恶化，深深感到内疚，忧心忡忡。有些孩子因为担心父母离婚，总在察言观色，一有"状况"就两边救火，有的甚至身体会莫名其妙地出现症状。

有一个高中男孩成绩不错，但经常生病，尤其父母一吵架，他就病得十分厉害，有时甚至要住医院。父母带儿子去看医生，医生得出的结论是：他有时是故意让自己生病的，是心理引起的身体症状。

他们又带孩子去看心理医生。心理医生先让男孩在外面等候，他询问男孩父母一些情况，发现两个人互相指责、数落对方，积怨很深，已经看不出还有感情了，但当他叫男孩进屋一起说话，这两个人立即调整了表情和态度，沟通也趋于和谐。原来，他们是为了孩子在维持婚姻。但是，人不是机器，压抑久了必然要发泄情绪。每当"装"不下去的时候，两个人的情绪就会爆发出来，婚姻也随之出现危机。这时，男孩就会病倒，为父母激烈的冲突"泄火"。父母看到儿子病了，注意力全都转到他身上，自然不再提离婚，他就可以高枕无忧一段时间。

父母吵架会让无辜的孩子遭受多么大的伤害。所以，成熟的父母不会轻易在孩子面前吵架，最多只是争论，绝不会让事态发展到失控的局面。这是因为，成熟的父母了解孩子对于家庭氛围的心理需求，重视孩子内心对安全感的需要。

如何减轻离婚对孩子的伤害

如果夫妻关系真的无法维系，不如选择放弃，而不是在孩子面前伪装。因为这样将传递出非常不健康的信息，即"人的真实感情是不值得尊重的""为了你，我们两个人如此痛苦"。但是，离婚一定要注意几个原则。一是尽量避开孩子的青春期。青春期的孩子比较叛逆，很难管教，如果再受到父母离婚的刺激，就很容易失控。二是一定要提前告知孩子，挑一个时间，夫妻两人一起面对孩子，郑重告诉他："离婚只是大人之间的事，和你没有关系。我们会像原来那样爱你，并且永远爱你！"

最重要的是，夫妻二人都不要在孩子面前抨击对方。因为，无论哪一方被抨击，孩子都会感到自尊受到伤害，降低自我价值感，甚至破罐子破摔。

奥巴马的父亲是一名黑人经济学家，母亲安是一名白人女教师。两人的婚姻很短暂，奥巴马2岁时，他们离婚了。安一边照顾儿子一边求学，从未在儿子面前说过前夫的坏话。每当和儿子谈起他的父亲，妈说的都是优点。奥巴马童年的每一个进步，母亲都归结为他继承了父亲的智慧，沿着他父亲成功的道路在走。这种鼓励给了奥巴马极大的信心，塑造了他健康的价值观和人格。

生命像一条河，夫妻关系像是河流的上游，而亲子关系就像河流的下游。夫妻关系糟糕，亲子关系也往往难以和谐。孩子出问题，往往是河流的上游就存在问题。所以，奉劝为人父母者，珍惜眼前人，努力经营婚姻；珍重爱的结晶，不轻言离婚。

接纳孩子的错，
坦承自己的错

教育始于孩子让我们感到为难的那一刻。

那一刻，父母选择的应对方式将直接影响

教育的结果。

Chapter 4

🍀

父母不宽容，孩子难有自我

不宽容的父母会使亲子关系扭曲

"金无足赤，人无完人。""人非圣贤，孰能无过？"这样的道理可以说尽人皆知。然而，在面对自己孩子犯错时，很多父母却非常苛刻，动辄呵斥、说教、冷嘲热讽，甚至拳脚相加。我在公共场合看见过好几次父母打孩子，他们声色俱厉，又推又搡，丝毫不给孩子留情面。公共场合竟如此打骂孩子，回到家关上门还不知道会有多严厉。

鲁迅在《我们现在怎样做父亲》中说："往昔的欧人对于孩子的误解，是以为成人的预备；中国人的误解，是以为缩小的成人。"有的父母认为自己懂的，孩子也应该懂，不懂就是"笨"；自己教孩子做的，孩子就得跟着做，不做就是"不听话"；别的孩子能做到的，自己的孩子也应该做到，做不到就是"不努力"。在这种观念的驱使下，一旦孩子达不到要求，他们就会对孩子百般责难。父母的不宽容，伤及孩子脆弱的心灵；有多少苛刻的父母，就有多少受伤的孩子。

对幼小的孩子来说，家是唯一的去处，是自己安身立命的地方，一旦离开家，他们就没法生存。然而，不宽容的父母却无视这一点，有人甚至逼死亲生骨肉。前文提到的男孩因沉迷于网络游戏被父亲暴打后选择轻生，就是这样的悲剧。

教育其实就是做人，做父母也是做人。试想，做人可以这样不容人吗？有些父母何止是没把孩子当作孩子看待，简直是没把孩子当作一个完整的人看待。成年人之间的相处不这样，因为成年人之间是可以相互制衡的。我们都把对方看成和自己一样有尊严的人，做事会三思而后行，说错话要承担后果，侮辱他人更会结下仇怨。可对孩子就不一样了，一些父母认为孩子是自己生的，一切都要依赖自己，便把孩子当成私有财产，按照自己的设想塑造孩子，达不到期望就随意鞭挞、教训孩子。

说到底，不宽容的父母不懂得人性，不懂得"尊重"二字为何意。得不到父母尊重的孩子难以建立自我，他们生活在恐惧和自卑之中。不宽容的父母使亲子关系扭曲、紧张，使孩子的身心受到摧残，人格受到践踏。孩子因为得不到爱和信任，看不到希望而自甘沉沦。

妥善处理孩子犯的错

不宽容的父母不能包容孩子的缺点和错误，动辄打骂和训斥孩子，导致孩子每天都生活在提心吊胆之中。

一个 6 岁的小男孩，春节去爷爷家过年，从爷爷口袋里拿了 2 元钱去买鞭炮。这本是无意识的行为，因为 6 岁的孩子还不能理解什么是"偷"。按照儿童心理的发展，7 岁以下的孩子很多思维能力都没建立起来。这时父母如果只从自己对事物的理解逻辑去解释孩子的行为，自然会误解他。男孩的父母觉得丢了脸，当着全家人的面狠狠揍了他一顿，把他的手都打肿了。从此以后，父母处处提防他，只要他一个人待在屋里，就会严厉警告："别犯老毛病啊，再偷东西，把你的手打断！"

　　为了让他不再有机会"偷钱"，父母在男孩 11 岁时送他读寄宿小学。然而，让他们没想到的是，儿子偷钱越来越频繁。每次儿子从学校回家过周末，父母都会发现家里少了钱，质问他，他始终不承认。父母只好把家里的钱东藏西掖，和儿子的关系像猫和老鼠一样。最后一次，男孩谎称学校让交 8000 元学费，结果拿到钱一个星期全花掉了。父母头痛不已，打骂已不再有效，只得带儿子去咨询心理医生。

　　心理医生诊断，这个男孩有十分严重的心理障碍，根源就是父母当年对他拿爷爷钱的处理不当。他们就属于不宽容的父母，6 岁的孩子做错事，而且不是有意的，完全可以好好引导，甚至不用刻意教育，这种无意识的举动就会自然消失。但是，他们用打骂强化了"偷"，并让儿子在众人面前毫无尊严，从 6 岁到 11 岁，男孩每天都生活在父母的怀疑中。最糟糕的是，邻居也知道了，谁家少了什么都会怀疑到他头上。父母不宽容的行为和不信任的态度，使男孩开始破罐子破摔，产生严重的逆反心理，真的小偷小摸，最后养成了恶习。

不宽容的父母是不成熟的，他们没能认识到犯错对于孩子成长的积极作用。在孩子成长的道路上，每一次跌倒都是一次学习，每一次爬起都是一次锤炼。孩子有缺点并不可怕，可怕的是父母不能正确看待缺点，剥夺孩子成长的机会。

教育始于孩子让我们感到为难的那一刻。面对犯错的孩子，如何分析问题，如何对待孩子，这是父母接受考验的时刻，也是孩子行为和心理变化的拐点。孩子的心灵是稚嫩的，可能因为父母一句鼓励的话而奋发向上，也可能因为父母一个厌烦的眼神而黯然神伤，丧失信心。

每个孩子都有向上向善的心，也都有不足或缺点，每个孩子在成长过程中都曾犯下错误，有些甚至是大错误。父母能否妥善处理孩子犯下的错误，是父母成熟与否的分水岭，只有能正确运用宽容之道的父母，才是成熟的父母。

✤

宽容有度，恰当的惩罚才有效

惩罚与宽容是一枚硬币的两面，它们形式不同，内涵却一样，都是爱的表达方式。宽容指的是对孩子的宽容，而不是对其错误行为的宽容。完整而负责任的家庭教育，仍然需要以惩罚作为补充。

身为父母，就要负起管教孩子的责任。管教的目的不是限制孩子的自由，而是在最大限度内保障他的自由。这是因为，一个人既然要在社会中生存，就必须尊重社会对人的要求，而只有经过管教、适度社会化的孩子，才具备适应社会的能力。惩罚是管教的重要手段，当孩子犯错的时候，适当的惩戒可以使其警醒，修正错误行为，改变错误观念。

好的"惩罚"包含宽容

惩罚是门学问，用好了能够促进孩子的成长，用不好则使孩子产生抵触情绪，走向反面。父母惩罚孩子，是为了让他知错、改错，获得自觉纠错的能力。

科学家约翰·麦克劳德小时候好奇心很强，因为想知道狗的内脏是怎样的，竟然偷偷把校长的宠物狗杀了。校长知道后，气得七窍生烟，决定惩罚这个无法无天的学生。那么，校长是怎么惩罚的呢？他既没有开除麦克劳德，也没使用暴力，更没有恶语相向，而是罚他画一幅人体骨骼图和一张人体血液循环图。虽然是惩罚，麦克劳德却深深被校长的宽容所打动，发愤研究解剖学，最后成为一名科学家。

杀小动物肯定是不对的，但假如当时校长采用的是粗暴的惩罚手段，或许不仅无法让麦克劳德认识到自己的错误，也起不到启发智慧、启迪心灵的作用，也许就不能促使他成为科学家了。

惩罚是手段，不是目的。恰当的惩罚措施，能让孩子心生感激，产生积极向上的力量；充满智慧的惩罚，能让孩子学到本领，悟出真理。

教育家陶行知在担任育才小学校长时，有一天看到男生王友用泥块砸班上的同学，当即制止了他，并要他放学后到校长室去。放学后，陶行知回到校长室，王友已经站在那里准备挨训。陶行知走到王友面前，出人意料地掏出一块糖递给他，并说："这是奖给你的，因为你很守时。"王友惊疑地接过糖果。随后，陶行知又掏出一块糖放在他手里，说："再奖给你一块，因为当我叫你别再打人时，你立即住手了，说明你很尊重我。"王友更诧异了，眼睛睁得大大的。陶行知又掏出第三块糖塞到王友手里，说："我调查过了，你打人是因为他们不守游戏规则，欺侮女生，这说明你很有正义感。"王友感动极了，他流着泪后悔地说道："陶校长，您打我两下吧！我错了，我砸的不是坏人，而是自己的同学呀！"陶行知笑了，说："最后奖励你一块糖，你已经认识到错误，咱们的谈话也结束了。"

陶行知对孩子的批评极具艺术性，三言两语，春风化雨；不用声色俱厉，没有引经据典，仅用几块糖解决了问题。我想那个学生以后应该不会随便打人了，因为他流下了后悔的眼泪，说明他内心的情感被触动了；而且是他自己说出了错在哪里，说明他观念里已经有了正确的认识。

一次成功的"惩罚"，可以让一个人受益一生，感恩一辈子。好的惩罚如同让孩子接受一次春风化雨的洗礼，风雨过后更加茁壮；好的惩罚包含宽容，包含对孩子内心世界的理解，还包含对孩子的殷殷期望。惩罚无定法，依据不同的情境而采用不同的方法，却万变不离其宗，那就是以教育孩子向上、向善为目的。

惩罚不是越严厉越有效

"良药苦口利于病"，但是，药太苦，病人吃不下去也没用，所以现在很多苦药外面都有一层糖衣，让人容易服下。同样的道理，批评或惩罚孩子，不是越严厉越有效。毕竟，父母不是为了出气才惩罚孩子的，肯定是为了让孩子明白自己错在哪里，并知道如何改正。

惩罚孩子之前应事先和孩子沟通，"动之以情，晓之以理"，情在理前面。惩罚后的关系弥补也很重要，父母应找机会与孩子沟通，使孩子感觉到本次惩罚只针对本次错误行为，并不会影响到亲子之间的亲密关系，父母对他的爱永远不变。

具体如何管教呢？首先，最好给孩子充分的肯定，找出错误里积极的一面。比如，孩子的行为虽然错了，但动机可能是好的。孩子只有感觉被父母接纳和理解了，才更容易接受父母的批评或惩罚。其次，在对孩子说话的时候，态度要始终和善，不能满脸怒火。一定不要太过严厉，最起码不能让孩子的情绪太恶劣，因为在坏情绪里，孩子根本听不进任何批评或建议。再次，清楚地告诉孩子为什么处罚他，他哪些地方做错了。最后，给孩子机会解释，不要"一言堂"。

孩子在做错事之后，一般都能悟出正确的做法是什么，父母最好让孩子自己说出对的行为，这有助于他正确观念的形成。还要特别注意的是，形成的处罚方案一定要坚决执行，不能轻易变更。

注意惩罚的时机和场合

哪些错不能惩罚？对孩子的小错误、无心之过，父母都要尽量做到宽容。只有关乎品德方面的错误，例如撒谎、偷盗、殴打别人、明知故犯、屡教不改等，父母才可以使用惩罚的手段，且一定要注意不能伤害孩子的自尊心。

值得注意的是，千万不要因为孩子功课不好而惩罚他，因为这根本不是过错，也许孩子只是发育较慢，尚未开窍，或是学习方法不对、学习状态不对，或是对这门科目没兴趣等。总之，试图用惩罚孩子的手段达到提高成绩的目的，往往事与愿违。

惩罚孩子的时机和场合也是非常重要的。我国古人教子有"七不责"之说（见下表），可以参考。

古人教子 "七不责"

当众不责	大庭广众下不要责备孩子，要注意维护孩子的尊严
愧悔不责	如果孩子已经为自己的过失感到惭愧、后悔了，就不要责备孩子了
夜不责	睡觉前不要责备孩子。此时责备孩子，他带着沮丧失落的情绪睡觉，要么夜不成寐，要么噩梦连连
饭食不责	吃饭时不要责备孩子。这时候孩子受到责备，容易消化不良
欢庆不责	孩子特别高兴时不要责备他。人高兴时，经脉处于畅通状态，如果忽然被责备，经脉就会立即憋住，对身体的伤害非常大
悲忧不责	孩子哭的时候不要责备他。他在伤心时不但得不到同情，反而横遭责备，容易走极端
疾病不责	孩子生病时不要责备他。生病是人体最脆弱的时候，孩子更需要父母的关心和温暖

语言暴力的伤害不容忽视

童年的受虐阴影伴随孩子一生

　　家庭是人生的第一课堂，幸运的孩子在充满爱的家庭中感受关怀与温暖，不幸的孩子在充满恨的家庭中体会残暴与冷酷。不少父母仍抱着"不打不成器"这类有害的观念不放，以至于让孩子受到身体和心灵的双重伤害。孩子的错误，究其根源，很可能是父母的错误。而就算孩子犯下严重的错误，父母也不能随便使用暴力。

　　苏联教育家安东·马卡连柯说："用殴打来教育孩子，不过和类人猿教养它的后代相似。"在棍棒下长大的孩子，童年的受虐阴影常常伴随其一生，他们也往往会对人有攻击性。因为个性不受欢迎，自我评价低，不懂得如何与人交往，他们很难开展正常的社交活动，经常被人排斥，所以倾向于在不良嗜好中得到慰藉。而且，亲子间的关系模式是可以世代相传的，长期受虐的儿童，长大后变成施暴父母的概率也比较高。

　　好在，现在多数人对体罚的危害已经有了共识，但与此相对，语言暴力的伤害却很少被人提及。责骂不会造成生理伤害，所以父母往往不注意，随口就骂孩子，有时还骂得特别难听。父母骂完消了气，觉得事情过去了，但事实上，语言暴力对孩子的伤害丝毫不亚于棍棒。责骂对人心理的影响有时比打在身上的疼严重得多，因为语言会被孩子记在心里，这种伤害不是一时的，它会在孩子心中生根发芽，有的话甚至一直在孩子心中盘旋，很多年挥之不去。有的父母不明白为什么孩子和自己越来越疏远，或许就是不经意的责骂伤透了孩子的心。

　　长期生活在父母的冷嘲热讽和辱骂挖苦之中的孩子，负面情绪长期积累，很容易产生精神障碍，患上抑郁症和其他心理疾病；他们长大后常会焦虑不安，有暴力倾向，自尊心低下，缺乏同情心。这种个性不会受到别人的喜欢，而被人群排斥的挫折感使其更加愤世嫉俗，甚至逐渐发展成反社会人格。总之，童年遭受语言暴力的阴影将伴随孩子一生。

年龄越小，对外界的评价越敏感

　　学龄前或是小学的孩子，自我意识正处在发展过程中，对外界的评价特别敏感，大人认为无所谓的一句话，对他们来说可能比天还大。

　　有一个男孩拿着期末考试的成绩单给母亲，因为成绩不理想，母亲大声斥责他，越说越生气，还当着孩子的面给他父亲打电话："这样我也活不下去了，你回来给我们娘俩收尸吧！"这个男孩当时就受了刺激，打开窗户从五楼跳了下去。所幸被晾衣竿拦住，保住了性命。

一个品学兼优的男孩，拒绝让同学抄作业，两人起了摩擦，遭到老师批评。男孩觉得委屈，回家后站在窗边哭，父亲听到觉得很烦，情绪化地说了一句极不负责任的话："你是不是想跳楼啊，想跳就跳吧！"没想到男孩真的跳了下去，一个鲜活的生命就这样逝去了。

因为大人一句刺痛的话而跳楼，这在成年人看来不可思议，甚至有人还会批评孩子太脆弱。事实上，孩子的心理发展规律就是这样的：小时候大多没有自我评价意识，外界的评价他们会全盘接受。

如果父母用"可爱"评价孩子，孩子就会认为自己可爱；如果做了错事被骂，孩子就会认为自己坏。9 岁以下的孩子，有时还不能清晰地分辨好事和坏事、好孩子和坏孩子之间的区别。所以，孩子越小，父母越要避免简单粗暴地斥责他，否则会对他造成非常大的刺激。

在两次夏令营中，我们分别询问过 140 名 7~17 岁的孩子，他们最不喜欢听父母说什么样的话。经过统计，我把它们分成几类（见下表）。

孩子最不喜欢听父母说的话

否定、抱怨	"我怎么这么倒霉，生了你这么不争气的孩子！" "你简直就是个猪脑袋，干什么都不行！"
讥讽、辱骂	"你还想当科学家呢？在做梦，看看你现在的成绩！"
放弃孩子	"我也懒得管你了，你爱怎么样怎么样吧！" "你给我滚，永远都不要回来！"
恐吓	"你怎么又玩电脑，再玩我就把电脑砸了！" "你还敢顶嘴，再顶嘴看我扇你两巴掌！"
和别人比较	"×× 又考了第一，你怎么就不能跟他学学？" "我怎么生了你这么个笨蛋！你看看 ××，样样都比你强，她妈妈真是有福气！"

这些话都带有侮辱性质，而且父母无不是用居高临下的态度对孩子说的，会直接伤害孩子的自尊心。

父母在教育孩子时一定不能口不择言。侮辱孩子自尊、人格的话坚决不能说；伤害孩子感情、打击孩子积极性、贬低孩子能力的话坚决不能说；威胁和恐吓的话坚决不能说；用"激将法"时一定三思后行，不能让孩子感到挫败；警示、批评孩子的话要挑孩子能接受的方式说，底线是不影响孩子的情绪。

和别人比较，让孩子自我感觉不好

有的父母总把自己的孩子和其他人比较，而这往往是孩子最反感的。

父母认为自己这么说，孩子受到刺激就可以发愤图强，有一天真的超过自己赞赏的孩子。但请你想一想，如果在公司里，老板也使用这个方法激励你，你会不会因此更努力呢？答案显而易见：没有人喜欢这种语言。这是因为每个人都认为自己是独一无二的，因为自己与众不同而应受到尊重，简单粗暴地被别人比来比去，任谁都忍受不了。

总是被迫跟别人比较，只会让孩子自我感觉不好，变得自卑，感到抬不起头来，心理上还会对父母的爱感到困惑，甚至无所适从。一些孩子因此产生逆反心理，反而更加强化自身的弱项。

如果父母实在改变不了"比较"的思维习惯，那就改变一下比较的对象，让孩子自己跟自己比，这一次跟上一次比，今天跟昨天比。比如，孩子这一次考试成绩不理想，但是和上一次相比有一点进步，父母就应该乘胜追击，鼓励孩子说："不错，和上一次比有进步，我知道你一直在努力。再接再厉，爸妈对你有信心！"

道歉不会折损父母的威严

孩子不可避免地会犯错误，大人也会。在教育孩子的过程中，如果父母认识到了自己的错误，例如管教方式不当，误解了孩子或伤害了孩子，明智的做法是放下架子，主动道歉。道歉不会折损父母的"威严"，反而会提高父母的威信，使亲子关系更加和谐。而且，父母向孩子道歉，还会对孩子起到意想不到的教育作用。

一句"对不起"，就能赢回孩子的心

一般来讲，当父母愿意道歉时，孩子其实是非常宽宏大量的。也许前一分钟他们还在生气，但父母道歉之后，他们几乎都会说："没关系的，妈妈（爸爸）。"其实，有时父母只需说一句"对不起"，孩子就会彻底原谅父母。

我一个朋友有两个孩子，一儿一女，她非常爱他们，无微不至地照顾他俩的生活，亲子关系十分融洽。但是，随着年龄的增长，孩子们有了自己的个性和想法，形成了自己的审美观、消费习惯和价值观念，生活上不再听她的安排，聊天时还会反驳她的观点。

朋友接受不了，觉得自己那么辛苦地照顾儿女，孩子却不领情、不感恩、不听话，处处与她作对。她正好到了更年期，变得情绪化，就常对孩子发火。乖巧的女儿逆来顺受，却越来越沉默；倔强的儿子则变得叛逆，根本没法沟通，对她的态度越来越冷淡。亲子关系陷入紧张。

在朋友一筹莫展的时候，一个偶然的机会，她参加了一个学习班，才知道问题并不是出在孩子身上，而是出在自己身上。她后悔莫及，思来想去，决定找个机会郑重向孩子们道歉。

一个周末，两个孩子正面无表情地吃着早餐，家中已经很久没听到他们的欢笑声了。朋友打破了沉默，很诚恳地对孩子们说："妈妈现在郑重地和你们谈一件事。过去这段时间里，妈妈让你们吃了不少苦，是我的教育方式错了，真的很对不起。我以前一直站在自己的角度想问题，总认为自己是对的，想改变你们；其实，如果站在你们的角度，你们的看法也不全是错的。"说完，她看着女儿说了声"对不起"，又转向儿子说，"以前都是妈妈的错误观念作怪，现在向你道歉。以后妈妈少讲，多听听你们的意见。"话未讲完，女儿已经抱着妈妈哭了起来，儿子也慌忙站起来，去帮妈妈倒茶。

一团久久挥之不去的低气压，就在朋友的诚恳道歉中烟消云散了。她这样向孩子认错很不容易，需要勇气，但是她重新赢得了孩子们的心。

父母坦诚道歉，教会孩子承担责任

有些父母害怕失去威信，即便感觉到自己的做法不妥，也不愿意在孩子面前承认错误；甚至在孩子指出他们的错误之后，还强词夺理，拒绝向孩子道歉。其实这样做非但不能维护父母的尊严，时间长了，反而会失去他们在孩子心中的位置。因为孩子会认为"爸爸／妈妈说一套做一套，做错了也不承认，他／她的话不听也罢"。久而久之，父母正确的教诲，孩子也会置之脑后，或者只是嘴上答应，心里不会服气。

父母要有向孩子认错的勇气和胸襟，认真对待孩子犯的错误，也认真对待自己犯的错误。父母向孩子道歉，既可以弥补亲子关系，赋予孩子自信心，又可以向孩子传达这样一个道理：任何人都会犯错误，成年人也一样，每个人都要对自己的错误负责。

父母和孩子发生了矛盾，当父母愿意为自己的行为承担责任时，孩子通常也愿意效仿父母的做法，主动承担起自己的责任。这无论对大人还是对孩子，都是一种难得的成长机会，一次珍贵的成长体验。

比如我朋友，她和孩子和解之后，惊喜地发现孩子们越来越懂事了，儿子和女儿都更理解她，不再叛逆。后来，当她和孩子再有分歧时，他们也愿意主动检讨自己的错误了，这真是意想不到的收获。

闻一多很爱自己的孩子，但有一天，他因为心烦打了自己的小女儿，恰好被次子闻立雕看见。立雕立刻挺身而出，批评父亲不该打小妹，并"大义凛然"地说："你自己是搞民主运动的，天天讲民主，在家里怎么能动手打人呢？"闻一多一愣，沉思片刻，十分严肃地对一双儿女说："我错了，不该打小妹。我小时候父母就是这么管教我的，所以我也用这样的办法来对待你们。我现在知道这种方法是不对的，希望你们将来不要用这样的方法对待你们的孩子。"

这样的道歉，真诚而深刻，无疑会让孩子更加佩服父亲。

父母与孩子之间不是谁压倒谁，而应该共同成长。父母知错就改，主动向孩子承认错误，会让孩子觉得坦诚认错并不是丢人的事情。父母坦诚，孩子也会变得更加坦率，这对他们为人处世是很有帮助的。而当孩子要求父母给个说法，甚至直接要求道歉时，如果父母经过分析认为孩子有道理，能够低头认个错，这会让孩子体会到宽容别人的快乐。同时，这也是在鼓励孩子不能盲从于父母，一定要有自己的是非分辨能力。

探索陪孩子度过
青春期的科学方式

孩子进入青春期，父母的关注要适度降温，
谨记不要太关心，不要太有好奇心，不要
太热心。

青春期孩子的父母最难当

想控制青春期的孩子几乎不可能

　　当一向乖巧听话的孩子，忽然以你不习惯也不喜欢的方式对你说话、与你相处，甚至和你顶撞时，先别急着生气，更不要一巴掌打下去，他正在用这种方式向你宣告：我，已经进入青春期了！

　　家有青春期孩子的父母都深有体会：那个从小无比依恋你、围着你转的"跟屁虫"，会在某天突然拒绝你再拉他的手；那个总是快乐、满足、合作的孩子不见了，眼前的孩子沮丧、愤怒、悖逆……这让父母手足无措。在青春期孩子的眼里，父母不再是父母，父母就是普通人，跟别人一样的普通人。爸爸们都说："孩子叛逆就是翅膀长硬了，想飞了，不听话了！"妈妈们则说："孩子叛逆起来，良心简直像是被狗吃掉了！"

　　青春期的孩子，生理上已经接近成年人的样子，但是心理上并不成熟。他们看起来应该懂事了，但其实远远没有。他们想独立，不愿意再被过分呵护；他们想做主，穿标新立异的衣服，打耳洞，戴耳环，甚至文身……他们内心张力十足，总想标榜自己的与众不同，不惧怕任何试图阻拦他们的人和事。因此，父母的过度管制对他们来说是难以忍受的，他们不会再俯首帖耳，"受制于人"。

切记，对于青春期的孩子，你越想控制，他越是不屈，越想远离你。想像控制几岁的孩子一样控制他，几乎是不可能的。

面对孩子的变化，父母先调整心态

有些孩子的青春期相对平顺，有些孩子则特别叛逆，可以闹得家中天翻地覆。这样的情况对父母是一个巨大的挑战，一旦处理不当，家庭就将进入"危机期"，面临"双输"的局面。青春期孩子的父母最不好当，经常"吃力不讨好"。面对孩子的巨变，父母一定要有充分的心理准备，调整自己的心态，不能孩子一不听话，自己就先沉不住气。

青春期一开始，孩子的身心就被一股巨大的力量占据和控制，想法和行为都将产生巨变，这股力量就是荷尔蒙。荷尔蒙使大脑中掌管情绪的地方（杏仁核）特别活跃，因此青少年的情绪起伏都比较大。大脑最晚成熟的区域是额叶，一般要到 25 岁左右才成熟。额叶掌管理智、决策，人能控制自己不好的意念，使"潘多拉的盒子"总处于封闭状态，就是额叶的功劳。而对于十几岁的孩子来说，他们的情绪被荷尔蒙折腾得阴晴不定，晚熟的额叶又不能出来控制局面，所以整个人显得冲动、不理性。

知道了是荷尔蒙使孩子心绪不稳，父母对孩子就会多一分体谅，少一分责怪，心态也能变得平和、冷静一些。比如，当孩子发脾气的时候，我们就知道那是在宣泄情绪，不是故意"和父母对着干""挑战父母底线"；孩子为一点小事哭泣不已，我们就知道那也是正常反应，不必大惊小怪、忧心忡忡；孩子发牢骚时，我们也能包容，不会拒绝倾听……父母更理解孩子，亲子关系就不会那么紧张，孩子的青春期就过得顺当一些。

孩子进入青春期，父母的关注要适度降温，陪伴孩子要时刻谨记"三颗心"——不要太关心，不要太有好奇心，不要太热心。要给孩子留有一定的空间，不要干涉过多。

对青春期的孩子不能"太较真"

父母如果了解青春期孩子的特点，在心理上有所准备，在面对孩子的变化时就不会特别被动，教育孩子时也不至于"太较真"。

　　我有一个朋友的孩子念高中，平常住校。一个周末，孩子带了两个同学一起回家住，我朋友和她丈夫都很高兴，晚上仔细研究了菜单，计划第二天一大早就去买菜，中午做一顿大餐款待孩子们。

　　第二天快中午的时候，两人正在厨房忙得不亦乐乎，三个睡眼惺忪的孩子终于起来了。一看到父母准备饭菜，孩子就皱了眉："妈，我们不在家吃，中午约了同学去外面吃。"母亲的锅铲停在半空中，父亲赶紧接话："我们也还没吃，马上做好了，就在家吃吧！"

　　"不行！"孩子斩钉截铁地说，"我们快迟到了，要赶紧走。你们可以留到晚上再吃嘛。"

　　孩子临出门还补了一句："你们这样我会有压力的！"说

完就在同学的"谢谢"与"再见"声中出门了。夫妻俩又生气又沮丧，面面相觑，说不出话来。

　　朋友说，其实他们当时完全可以训诫孩子："你这是不懂事！"甚至可以夸大一些说："你这是不孝顺！"但他们选择了包容和忍耐。而且，当着同学的面批评孩子，会让她很难服气，影响她出去玩的好心情。说不定以后再带朋友回来，她会提前打好"预防针"，告知对方："在我爸妈面前一定要怎样……"那样的话，他们将面对一个虚伪的孩子。

朋友很有智慧，她"不较真"的教育方法，值得借鉴。

　　另外，在孩子进入青春期时，很多做母亲的正好进入更年期。当青春期遇见更年期，家庭就容易爆发"战争"，孩子叛逆，母亲情绪化，父亲就要起到力挽狂澜的作用，避免母子之间形成严重的冲突。这时，母亲也要尽力调整自己，学会情绪管理，使自己愉快、稳定地度过更年期，同时也为孩子提供一个良好的家庭环境。

努力与孩子站在"同一阵营"

什么样的智慧才"降得住"不时向自己"宣战"的孩子？

　　有一个男孩在青春期时非常叛逆，不管父母和他讲什么，他永远有理由反驳。他爱听说唱歌曲，节奏很快，这让他父亲很反感。有一次，马上要考试了，他一边听着震耳欲聋的音乐，一边斜躺在沙发上看书。父亲见了，大声斥责他，叫他关掉音乐。没想到他不仅不听，还"砰"的一声把房门关上了。

　　父亲气极了，开始打儿子，下手很重，儿子却一点不求饶，一脸倔强。母亲见此情形，赶紧替儿子求情，父亲这才罢手。

　　当天的晚饭，父子两个都没有吃。父亲一夜无眠，反思自己的教育出了什么问题，不明白儿子为什么变成这样。第二天清晨，男孩主动来向父亲道歉，父亲忍不住哭了，连向儿子说"对不起"。他看到个子已经超过自己的儿子，内心既后悔又惭愧，决心以后不再拿大人的权威去压制儿子。

　　后来，男孩没有放弃他的音乐爱好，父亲也学会了包容和接受，他和儿子一起听那些吵闹的音乐，试着融入儿子的生活，甚至有一次儿子请求他陪同去参加歌手签唱会，他都同意了。在签唱会现场，他看到很多和儿子同龄的歌迷精神气质都不太积极，便问儿子："你希望自己和他们一样吗？"儿子摇摇头。从那以后，儿子不再盲目崇拜那些歌手，开始收心学习，成绩节节攀升。在业余时间，他开始了歌曲创作，还获了大奖。

　　父子俩的关系再也没有出现过大的问题，父亲暗自庆幸：幸好当时及时转变了想法，改变了和儿子的相处方式，化解了亲子冲突。原来，耐心、理解和包容，才是教育青春期孩子的法宝。

　　父母要努力与孩子站在同一阵营，保持亲子沟通的通畅。赢得十几岁孩子合作的最好途径，就是以平等、尊重的心态，和他一起解决问题。当父母以和善、坚定、尊重的态度对待孩子时，孩子更愿意合作。

恰当的性教育不可或缺

不少父母对于这个话题都忌讳颇深，往往闭口不谈或浅尝辄止，最多只讲一讲月经和遗精。一方面，他们认为只要严加管束，你不说，我不说，孩子就无从知道；说了反而会让孩子好奇，想去尝试。另一方面，他们也不知道该怎么说，觉得不好意思说。父母"装作不知道"，并不代表性不存在。如果孩子在好奇心的驱使下从其他不好的途径了解性、接触性，造成难以挽回的后果，那时父母就追悔莫及了。

孩子终将长大、成熟，性教育对孩子的健康成长至关重要。父母必须负起自己的责任，对孩子，尤其是青春期的孩子，进行恰当的性教育。

性教育也是人格教育

对于青春期孩子的性教育，不仅是生理教育，更是情感教育、安全教育和人格教育。正确的性知识让孩子对性有正确的理解和态度，懂得掌控自己，避免青春期内发生性行为；让他们培养对爱情、婚姻、家庭的责任感，免于因无知遭受身心的疾病或伤害；让他们确立两性平等的观念，为将来享有幸福的爱情、家庭做准备。

性教育也包含品格教育，比如培养孩子对他人的尊重、对隐私的正确态度。

> 我儿子平平在五六岁时，有一次在卫生间里发现我使用过的卫生巾。他很奇怪上面为什么会有血。我告诉他："这叫作卫生巾，女孩长大后都要用这个，男孩则用不到。女孩身体每个月会流几天血，会不太舒服，所以做女人是有些辛苦的。平平作为男子汉，出去可不能欺负女孩哦！"平平长大后，对女同学特别懂得照顾和关爱，可能跟他小时候我对他的教育有关。

性教育还有关于爱与生命的教育。向孩子阐述生命的由来：生命因爱而来，美好而神圣；自然筛选决定最优秀的胜出，孩子体内流淌的是父母两人的血液。生命的诞生伴随着痛苦，孩子既能对自己产生自豪感，又能知道要对父母感恩，对生命敬畏——性教育的目的自然而然就达到了。

性教育需要正确的价值标准

>
> 一个12岁的男孩晚上遗精了，早上他母亲看到后骂他："这么小的年纪，一天天不知道想什么，也不知道害臊！"男

孩深感羞耻，从此晚上紧张得不敢睡觉，生怕再一次发生这种情况。

这样的"教育"是反人性的。因为性是人格中不可分割的组成部分，孩子长到十几岁就会有性欲，这样的做法严重伤害了孩子的身心，剥夺了孩子的自尊，摧毁了孩子对自我的认识，会让孩子生活在阴影里。遗精有早有晚，手淫也不是不道德的。著名医学专家吴阶平倡导这样的态度："不以好奇去开始，不以发生而烦恼，已成习惯要克服，克服之后就不再担心。"父母正确的做法应该是：引导孩子认识自己的身体，创造更丰富的家庭生活环境，帮助孩子转移注意力，增强自我控制的能力。

性教育在日常生活中也有体现，父母可通过自身行为告诉孩子哪些行为适宜，哪些行为不对。比如，孩子进入青春期后，父母对自己的性别应有一定敏感度。母亲不能当着儿子同学的面去摸儿子的头或脸，尽量不要和儿子有过于亲密的肢体接触。当"吾家有女初长成"时，父亲夏天在家就不能只穿着短裤或光着膀子；当女儿变成娉婷少女时，父亲也不能像女儿小时候那样随意把她抱在怀里，或让她坐在自己腿上；父亲进女儿房间，一定要先敲门；等等。

告诉孩子性与爱绝不是一回事

性与情感的关系，这是父母应该着重对孩子讲的。父母一定要告诉他们：性与爱绝不是一回事。要让女儿知道，女人要有自我保护意识；要让儿子知道，要尊重女性，对女友要负责。

一位母亲因为害怕女儿"学坏"，一直没对女儿讲过任何性知识。女儿上初一的时候月经来潮，感到又害怕又恐慌，妈妈只是淡淡回应："没关系，女孩到了年龄都这样，多喝热水就好了。"既没说月经对女人的意义，也没告诉她要保护好自己。结果，女儿到了初三，和同班的一个男孩恋爱了，在男孩的要求下，懵懵懂懂地和他发生了性关系，又因为没用任何防护措施而怀孕。这件事闹得满城风雨，本来是尖子生的女儿一蹶不振，没能考上重点高中。母亲无比悔恨，痛心因为自己教育的疏忽，让女儿受到了如此大的伤害。

父母有责任让孩子知道：爱是一种责任，是一种给予；爱需要有担当，需要对自己和他人有全面的认识，需要建立两个人共同的目标。依靠性来检验的爱不是真爱，爱更不能仅仅是出于生理需求而产生的行为。当然，教育形式是灵活的、多样化的，不能太说教，以免使孩子产生逆反情绪。

假如孩子不小心"尝了禁果"，父母应该采取什么态度？最严重的情况就是女孩怀孕，很多父母的第一反应是劈头盖脸地打骂，在无助又恐慌的孩子伤口上再撒盐。然而，事情已经发生，无可挽回，父母千万不要再错过补救的机会。这可能也是父母矫正教养偏差的机会。抓住了这个机会，孩子才能重新振作；抓不住，则可能彻底失去孩子的心，甚至毁掉孩子的未来。

父母要为孩子讲解"三道防火墙"。"第一道防火墙"是防止未成年人的性关系：父母要明确告诉孩子，"在春天就做春天的事"，必须分清主次顺序，全心应对学业。"第二道防火墙"是避孕和紧急避孕：教孩子使用避孕措施，并非鼓励孩子有性行为，它确实可以在必要时刻帮到孩子。"第三道防火墙"就是及时终止妊娠。同时，女孩的父母一定要教育孩子，人工流产危害很多，女孩应该保护自己，不要越过"第一道防火墙"。

为了生命与健康，性教育不应存在任何禁区。父母教会孩子正确面对性，才能让孩子避免过早发生性行为，拥有健康的自尊，安全度过青春期。

正确解读青春期孩子的"恋爱"

主动和孩子讲一讲爱情

　　青春期的孩子对爱情往往充满了憧憬，父母不妨在适当的时候主动和孩子讲一讲爱情。告诉孩子，爱情是美好人生中一个重要的组成部分，每个人都有选择和被选择的权利和机会，但是在年纪尚轻的时候，不要轻易地爱上谁。在学习的时候应该专心学习，储备能量，让自己具备更强的实力，将来选择更优秀、更适合自己的人。

　　有的孩子到了青春期，不愿意多和父母交流，而倾向和同龄人交往，"同性相斥，异性相吸"，不知不觉就和异性走得比较近。如果发现孩子谈恋爱，父母不必惊慌失措，不要视孩子恋爱为"洪水猛兽"。孩子的精神世界我们要尊重，孩子的情感我们也要尊重。有了尊重，才可能教育孩子。

不要用成年人的视角揣度孩子的感情

　　一位母亲发现，念初三的儿子最近有点"不正常"。他原来总是邋里邋遢的，洗澡都要催几遍，现在却每天早晨都洗头，照镜子也特别勤。她的神经一下子绷紧了，第六感告诉她："儿子谈恋爱了！"马上就要中考了，这怎么得了！于是，她和儿子聊天时话里话外都旁敲侧击，可儿子就是"不接招"，和她装糊涂。无奈之下，她借着给孩子送吃的、送水的机会，站在儿子后面偷偷观察他上网聊天。

　　果然，儿子在和同班的一个女孩谈情说爱，看样子挺认真，还用"老公""老婆"称呼对方。她立即和丈夫商量对策，两人俨然进入"高度戒备"的状态。既不能伤了儿子的自尊，又要阻止他在这个时候谈恋爱，这实在难坏了两个大人。

　　两三个星期过去，他们办法还没想好，儿子却一切恢复常态，又开始不修边幅了。这把他俩搞糊涂了。中考结束后，全家人一起吃饭庆祝。趁着儿子心情特别好，她说："儿子，前两个月你可吓坏妈妈了，天天看你'臭美'，还以为你恋爱了呢。"没想到儿子坦率地说："是谈恋爱了啊，不过又分了，不合适！"

　　让父母如临大敌、不知所措的"大事件"，孩子轻描淡写，说过去就过去了。孩子虽小，却有自己的判断，知道掂量轻重。所以，父母发现"情况"后不要急着立刻教育，不妨先观察一段时间，看看孩子自己怎么处理，这样也可以增进对孩子的了解。

事实上，孩子"恋爱"和成年人的恋爱，性质是完全不一样的。成年人具有稳定成熟的人格，恋爱的诉求是求偶，是为了进入婚姻的殿堂。孩子的"恋爱"很大程度上是为了得到异性的认可和欣赏，提高自我价值感；排解学习或生活中的苦闷，得到情感上的安慰。因为人格还没定型，他们的情感大多是不稳定的，来得快，去得也快，绝大多数都会不了了之。

父母急着打压，不仅引起孩子的反感，还会促进"小恋人"之间感情的发展，让两人团结起来一起对外。这就是社会心理学中的"罗密欧与朱丽叶效应"：恋爱双方承受的外在阻力越大，双方的感情就越紧密，甚至能以死相抗。

相信孩子有把握自己的能力

父母为什么不愿意孩子谈恋爱呢？一是怕孩子过早发生性行为，二是怕耽误学习。关于第一点，父母告诉孩子正确的性知识，让孩子拥有健康向上的世界观和人生观，孩子就不会轻易越过雷池。至于耽误学习，则要分情况，如果父母引导得好，孩子有自制力，萌动的感情还可能成为孩子学习的动力。

有时候，就是异性同学的几句鼓励，让孩子认识到自己的价值，开始奋发向上。到了青春期，同龄人的影响力比父母还要大，尤其是异性的欣赏，更能使孩子获得很大的自信。所以，父母面对初生情愫的孩子，要看到积极的一面，相信孩子有能力把握自己，绝不能粗暴地阻止孩子。

父母要有尊重、旁观、把权利交给孩子的态度，但是，绝不是鼓励孩子恋爱。相反，我们不提倡未成年人恋爱，因为孩子尚未独立，还没有做好准备，对爱也没有全面深刻的认识。

其实，孩子多与异性交往有很多好处：大方、从容地交往，有助于培养孩子健康的自尊，并使孩子了解异性看问题的角度，弥补自身思维方式的不足，也有助于将来婚恋。

父母的教育原则应该是：以学习为主，在集体中保持和异性的友情是可以的，但不要和异性同学交往过密，要延迟爱情发生的时间（可以放在大学后），尤其不能与异性发生性关系。

总之，如果感觉孩子恋爱了，父母不要慌乱，更不要急着点破，而应站在孩子的角度去理解他们。但理解并不代表接受，如果发现孩子恋爱，父母可直接或间接地让孩子理解什么才是真正的爱情，什么又是一时的好感或暂时的情愫。教育孩子以学习为重，可发展与异性的友谊，学习如何与异性相处。

"同伴压力"的影响超出父母想象

青春期的孩子最怕被同伴孤立

进入青春期的少男少女，人际交往和儿童期大不相同，家庭外的力量开始与父母的影响力抗衡。在这一时期，孩子看重亲身体验而非源于父母的间接经验，更愿意自己寻找答案，更需要朋友而不是向导；父母在孩子心中的威信略有下降，孩子更愿意和同龄人待在一起。

父母都觉得自己最了解、最关心孩子，也最有能力帮助孩子，其实，如果父母只关注孩子的学习成绩，对孩子在学校有没有朋友、受不受欢迎、开不开心都漠不关心，那就很难和孩子说到一起。事实上，青春期的孩子最怕被同学和朋友孤立。父母不了解这一点，就很难真正理解孩子的行为，甚至做出错误的判断。

我朋友的表姐，全职在家照顾儿子。她儿子从小性格比较腼腆，比较听老师和父母的话，学习成绩很不错。学校里一些顽皮的孩子总会捉弄这个老实的男孩。为此，朋友的表姐动不动就到学校向老师投诉，甚至直接盘问和警告儿子的同学，生怕儿子再被欺负。

后来，儿子再也不和她说学校的事了。她心想，这下应该没人敢欺负儿子了。但是，她发现儿子越来越不开心，对她的态度也越来越不好。原来，因为她总去找老师，儿子的同学都取笑他"没断奶"。那些欺负他的孩子确实不再理他，但原本和他一起玩的同学也疏远他了，儿子被孤立了。

她开始没当回事，觉得小孩子闹情绪，过几天就好。而且，少和同学玩也没什么，还能把精力全放在学习上。没想到，儿子的成绩开始下滑，总说上学没意思，后来竟提出要转学。转学不成，他的成绩急转直下，母子关系也因此变得紧张。

父母应当注意：孩子遭到同学捉弄，找老师寻求帮助没问题，但要注意方法和态度，不能给老师和其他孩子施压。否则，压力很可能最终回到自己孩子的头上。而且，父母要尊重孩子的同学和朋友，像朋友的表姐那样直接盘问和警告孩子的同学，实在不可取。

多交益友，孩子变优秀

青春期的孩子既有一些成年人的特点，又稚气未脱，他们迫切需要确定自我，寻求新的认同。和同龄伙伴交往，可以帮助孩子顺利度过这段时期。所以，青春期的孩子一定要有关系密切的朋友，能够一同分享内心的情感，一起分担成长中的烦恼和酸甜苦辣。

根据社会心理学家亚伯拉罕·马斯洛的需求层次理论，同伴群体至少可以满足孩子的三项需求：安全感的需求、社交和情感的需求、归属感及尊重的需求。现在的孩子，父母普遍工作较忙，陪伴他们的时间比较少，同伴之间的友爱之情能够很大程度上弥补这一缺憾。而青少年之间总会形成自己的文化和价值观念，比如流行的语言、服饰、爱好，还有共同喜欢的明星……大人看起来孩子无非是想标新立异、"耍酷"，但对孩子来说，这些都能给他们提供归属感和安全感。

尊重和归属感是人内心深处最渴望得到的东西。同伴之间是完全平等的关系，很容易做到相互尊重。大家基本上都处在相同的压力下，因此更能互相理解、互相安慰。所以，有时候同伴的三言两语就能胜过父母的长篇大论。

　　一位母亲知道儿子在学校足球队学会了抽烟，屡次管教却收效甚微。结果在一次年轻人的聚会中，一名从国外回来的朋友说到公共场合抽烟不文明、抽烟对身体的伤害等，儿子听到后就把烟戒了。

　　还有一位母亲，见女儿超重特别多，便挖空心思给女儿控制饮食，但女儿不配合，收效甚微。没想到女儿一上初中就自动减肥了，因为同学说她瘦了更好看。现在女儿每餐只吃七分饱，体形改变很大……

　　这些母亲都感到奇怪，孩子到了青春期说变就变，父母的话不管用，倒是同学的话、同辈人的话影响特别大。

这就是"同伴压力"的作用。有调查显示，同伴对青少年的重要性甚至超过了父母。青少年渴望独立、摆脱父母的束缚，建立自己的社交圈子；他们急切地盼望被社会认同，而同伴，就是青少年的社会。父母对此不必感到失落，因为这是孩子走向独立的必然过程，正确的态度是顺其自然接受这一变化，鼓励孩子广交朋友，并引导孩子正确选择朋友。

了解了青春期孩子的"同伴压力"，父母就应该明白，这个时期自己对孩子的教育作用是有限的，必须发挥同伴群体对孩子的积极作用。

"同伴压力"的积极作用有很多，如促使孩子提升自己，增强身份感、判断力、责任感、自尊心和自信心，提高孩子的人际交往能力。比如，有的孩子本来不爱学英语，但认识了喜欢英语的同学之后就改变了；有的孩子原本不擅长在公共场合说话，但经常和落落大方的同学相处，慢慢也能消除紧张、变得从容了。

"近朱者赤"，想让自己的孩子变得优秀，父母就要鼓励他们多接触优秀的同龄人，多交益友。当然，不要把这个"优秀"误解为成绩好，在帮助孩子选择好朋友时，对方的家教、品格、习惯等才是最值得考察的。而且，在朋友的选择上，父母一定要尊重孩子的意愿，并且尊重孩子所选择的朋友。同时，父母应该告诉孩子交友之道：友情和爱情有相似之处，都有一定的规范和原则，比如坦诚、互助、善良、尊重、妥协等。

"同伴压力"的消极作用不容忽视

"同伴压力"也有消极作用，不容忽视。有的孩子为了被同伴认可和接受，会做一些以前不会做的事，甚至包括自己根本不喜欢或不对的事。我看过这样一则新闻：一个 16 岁的男孩打群架，一时冲动捡起路边的砖头，失手把人砸死了。警察问他和死者有什么过节，他竟说自己不认识那个人，而打架的原因只是帮"大哥"教训"仇人"。所谓"大哥"，不过是同校的一个孩子王。

　　这个男孩冒着被打伤的危险去伤害陌生人，就是怕朋友认为他胆子小、不够义气。同伴的拒绝和羞辱，对孩子来说，有时候是比死亡更令他们焦虑的事情。

　　所以，父母一定要知道自己的孩子都在接触什么人，和朋友在外面做什么。工作再忙，也要找机会认识一下孩子的朋友，观察孩子和朋友怎么互动，判断孩子是否获得了进步和成长。如果发现孩子在同伴关系中有不良情绪或有害的行为，一定要及时干预，避免孩子越陷越深。

　　一般来讲，拥有健康家庭关系的孩子，更容易获得良好的同伴关系。因为在这样的家庭中，父母都比较尊重孩子，孩子自身的行为习惯都比较好，也比较有主见，不会人云亦云，即使结交了损友，也能很快抽身。而那些父母感情不好、家庭缺少温暖的孩子，在个性上会存在一些缺陷，对友情也有不理性的需求，比如更加害怕孤独或更急于证明自我。他们更容易屈从于"同伴压力"，迷失自我，放弃内心的原则。

　　因此，父母一定要给孩子提供一个良好的家庭环境，让孩子在情感上对家庭保持较大的依赖性。即使他们渴望独立，也能随时接受父母教诲；即使在外面认识再多人，最亲最近的也依然是父母。只有这样，孩子对不良事物的免疫力才会增强。

创造力是
孩子成才之源

没有一个孩子注定是天才，也没有一个孩子注定会碌碌无为。父母应该为孩子创造最佳的环境，使其发挥潜力。

Chapter 6

没有创造力的"好学生"不算人才

分数高不等于有创造力

什么是创造力？创造力是产生新思想、发现和创造新事物的能力。创造力是人的大脑长期进化的产物，每个人都具备。从生理上讲，人类具有无限的创造潜能，大脑的可塑性伴随人的一生。

创造力并不专属于艺术家、科学家，而是随时可以在我们的生活、工作和学习中迸发出来的火花。但遗憾的是，很多人没有养成思考和质疑的习惯，很少发问，缺乏主动思考，倾向于被动接受信息，使其创意天性难以发挥。

如果一味追求听话，会压制孩子的个性。"好孩子""优秀孩子"往往以好成绩为导向，在这样的环境里，很多孩子努力学习只是为了获得外界认可，内在兴趣和动机都很弱，思维发展受到限制，创造潜能也可能被扼杀。

孩子创造力发展最快的时期有两个。一个是幼儿期，这时孩子刚刚开始认识自己身边的世界，对周围一切的理解都没有什么限制，可以随心所欲地探究和创造。另一个是大学和研究生阶段，这时孩子积累了丰富的知识背景，具备了思考和创造的基础，可以突破陈规、整合资源，更好地发挥自己的创造力。

在这两个创造力发展的关键时期，缺乏创造力的孩子接受的教育是怎样的呢？为了让孩子"赢在起跑线上"，父母很早就开始给孩子灌输知识，幼儿园呈现"小学化"，极大地限制了孩子的想象力和好奇心。从小学到高中，孩子听到、看到、学到的规则越来越多，有大量信息、概念、理论需要记忆，这是必要的知识积累阶段。但由于父母看重分数，孩子一直处于高强度学习的状态，整日在题海、考试中连轴转，得不到喘息。等终于闯过高考这关，进入大学，孩子的精神和精力已经透支，成了强弩之末。失去了外界压力的刺激，他很难再提起学习的兴趣。而因为个性和思想被束缚久了，思维方式固化，就很难再有创新了。

孩子如果长期处于强化学习状态，就会提前"老化"，失去自主学习的能力，创新能力自然不佳。所以父母不能只看重孩子的学科成绩，更重要的是引导孩子丰富知识面，增强整合已有知识资源的能力，全面提高综合素质能力，发挥自己的创造力。

孩子有创造力，未来更光明

教育家陶行知指出："处处是创造之地，天天是创造之时，人人是创造之人。"每个孩子都有各自不同的潜在天赋，不加以培养就会埋没。父母应该为孩子创造最佳的环境，使其发挥潜力。父母要明白，所谓人才，绝不是分数比其他人高，眼下挖空心思提高孩子的成绩，其实对孩子以后的成功起不了决定性作用。

有些人在学校成绩一般，工作后找到自己擅长的职业，反而如鱼得水，闯出一片新天地；有些人学生时代总是第一名，工作后却表现十分普通。刨除外部因素，造成不同结果的主要原因就是有无创造力。具备创造型人格的孩子更主动，更容易接受新事物、迎接新挑战、想出新点子，这些都有助于他们把握机遇，获得成功。

当今社会的竞争在于创造力而不是记忆力，有远见的父母应该注重培养孩子的创造力。没有创造力，孩子就难有好的未来。

用爱激发孩子的创造性思维

有人称赞牛顿思路灵活，思维具有创造性，牛顿却说："我只是整天想着去发现罢了。"有着强烈的创新意念，牛顿即使没有碰见苹果落地，也一定会在其他东西落地后发现万有引力。我们常说"心想事成"，"心想"是"事成"的前提。要激发孩子的创造力，重要的是启发他们的创造性思维，塑造他们的创造型人格。

创造力除了和智力有一定关系，还和知识、思维方式、人格、动机和环境密切相关。健康的感情、良好的习惯、坚强的意志、积极的个性、坚定的理想等非智力因素，深刻地影响着创造力的培养和发挥。

思维的力量非常巨大，培根说："知识就是力量。"我认为，知识的力量大小，全倚仗采取何种思维方式。知识的力量可看作知识储备与思维方式的积。如果知识是 1，则知识的力量可以是 100，也可以是 1 亿，结果完全取决于思维方式。

创造性思维其实是一种思维习惯，既然是习惯，就是可以培养和训练的。思维习惯的培养始于小时候，和父母有很大关系。一个善于思考的孩子，其父母往往善解人意，欣赏他的创意举动，或自己也比较有创造力。

　　家庭是孩子接触的第一个环境，父母是孩子的第一任老师，家庭环境对孩子的创造力有显著影响。孩子创造力发展的第一个关键期就是0~6岁，这个时候父母不能缺席。教育的基础是爱，父母的爱对孩子来说犹如空气和阳光一样不可或缺。每一次和孩子亲吻、拥抱，每一次和孩子相视而笑，都能拉近彼此心的距离。越小的孩子，对爱抚和拥抱的需求越多，孩子感受到的爱越多，内心安全感就越足，对于自己就越自信。

　　科学研究表明，对孩子大脑发育最适合的地方就是温馨的家庭，最佳营养是安全感，最好的刺激是父母的陪伴和引导。现在不少父母都重视早教，有的幼儿不满半岁就开始上课，但带孩子上课的却是保姆、老人。父母本人则忙于工作，陪伴孩子的时间少得可怜。有早教却缺乏父母的爱，这完全是舍本逐末的方式，收到的效果微乎其微。父母想提升孩子的创造力，就要提高对自己的要求，做"恋家"的好父母。

　　家庭氛围融洽，父母性格宽和，能和父母沟通非常好的孩子，思维更加活跃。小孩本来就想法多，如果父母愿意听，他们总会说个不停；如果父母对孩子想出来的新点子感到惊喜，给予赞扬和鼓励，那更是他们积极尝试新事物的无穷动力。最重要的是，孩子不必担心犯了错就被骂、被罚，哪怕犯错，孩子也能从中获取经验、培养自信。相反，专制家庭、包办型父母则很难培养出有创造力的孩子，因为孩子没有动手尝试的机会，没有独立思考的勇气和能力。

　　同时，创造力与人格特征密切相关。创造力强的人往往好奇心强、态度直率、特立独行、有毅力、富有冒险精神、不盲从。父母应帮助孩子建立积极的心态，这样，孩子即使失败，也不会被打败。

　　所以，从今天做起，从小事做起，当孩子想自己拿主意时，父母要抱以鼓励的微笑；当孩子不小心做错了事情时，父母要记得说声"没关系，下次你会做得更好"。

陪孩子玩，玩出创造力

玩也是一种学习

　　创造力源于好奇心和爱玩的心态。父母要培养孩子的创造力，就必须保护孩子爱玩的天性，放手让孩子自由地玩。

　　不少人对于"玩"有根深蒂固的成见，不仅不重视，而且轻视、忽视，他们看不起爱玩的人，觉得"玩物丧志"。但实际上，有的人因为爱玩、会玩、敢玩，自信、独立、活泼，富有冒险和探索精神，创造力强，相信自己可以改变世界，他们渐渐"玩"出了名堂，最后"玩"成了事业。

　　玩也是一种学习，孩子通过玩探索世界，了解自我，学会和他人合作，锻炼社交能力。玩可以开发智力，在尽情地玩耍和游戏中，孩子的创新思维就会像泉水般不断在脑海中涌现。

　　一个2岁多的小女孩把自家阳台南边称作"南极"，阳台北边称作"北极"，每天早晚都提着小桶去"南极""北极"，分别喂鱼给"企鹅"和"北极熊"吃。这一切当然是小女孩自己想象出来的，大人只觉得她幼稚可笑，纷纷打趣她，却没看见创意的火花正在她脑中闪现。她沉浸在虚构的世界里，通过想象，为自己勾勒出一个美丽的幻想国度，每天往返于这个国度，创造属于自己的故事。

在童年阶段，虽然每个孩子自由玩耍的方式均不同，但都与创造力密切相关。当孩子心无旁骛地玩耍时，父母千万不要打断他，因为此刻，他心灵正在成长，大脑正在迅速建立创意联结。

有些父母就是见不得孩子玩，认为玩是在浪费时间。

一位母亲把儿子的时间安排得满满的，放学后不是让他学英语就是学钢琴。这样过了两年，儿子对学习充满厌恶，整天打不起精神，成绩明显下降。一位心理医生了解情况后，开出一个出人意料的"药方"：让孩子每天放学后痛痛快快地玩上一个小时。母亲将信将疑地照做了，不出两个月，孩子脸上重新展露了笑容，成绩也开始提高。

一味缩短孩子玩的时间，并不能使孩子爱上学习，明智的做法是让孩子学会自己管理时间，自己分配时间，对自己的行为负责。现在的孩子本就有不小的学习压力，如果玩的时间太少，心理压力得不到释放，情绪得不到纾解，就容易出问题。有张有弛的生活才健康，能静能动的性格才能适应社会；放得开又收得回来，这样的孩子懂得自律，父母大可放心他的学业。

不少人信奉"勤能补拙""业精于勤荒于嬉"。这种观念本身是促人奋进的，但有的父母矫枉过正，让孩子在天性烂漫、最该玩的时候不能玩，只有熬过"十年寒窗"，进了大学才算有"资格"玩，以致孩子上大学后，恨不得把十几年欠下的"玩"都补回来，过得无比"潇洒"，在真正学习生存知识的大学阶段松懈了，日后也很难面对社会的压力、激烈的竞争。

玩对孩子来说不是小事，父母不能取消孩子的玩耍权。不给孩子玩耍的权利，不让孩子有玩耍的自由，就是束缚孩子的行动，禁锢孩子的思维，扼制孩子创造力的发展。一颗没有自由的心灵是没有创造力的。

父母要和孩子一起玩

父母不仅要给孩子玩耍的自由，还要和孩子一起玩，有创造力地玩，这比任何昂贵的礼物对孩子来说都重要。

孩子内心都渴望父母关注自己，希望父母参与到自己的生活中。父母陪孩子玩耍，传递给孩子的信息就是："你值得我花时间陪伴，我愿意和你一起玩。"这对孩子是莫大的鼓舞。

父母若能常常和孩子一起玩，并把普通玩具和游戏玩出新花样，孩子会深受影响和启发，也能以有创意的方式和轻松的态度对待学习、对待生活。孩子就是父母的缩影，父母会玩，能够举重若轻，懂得劳逸结合，孩子大概率不会是书呆子。

保护孩子的好奇心

给孩子探索未知的自由

现在的孩子衣食不缺，缺的是时间和空间上的自由、身体和思想上的自由。一个实现不了自由意志的人，好奇心又从何而来，如何发展呢？父母对待孩子好奇心的态度，会影响他们最终达到的高度。因为好奇心而受到父母鼓励的孩子，会进一步增强好奇心，进一步探索。相反，因为好奇心而遭到父母斥责、嘲笑、恐吓的孩子，会限制自己的活动，缺乏自信，失去探究未知的兴趣和勇气。

　　一位母亲非常渴望孩子能成才。一天，她带着 5 岁的儿子拜访一个化学家，想了解这个化学家是如何踏上成功之路的。得知来意后，化学家没有历数自己的奋斗经历和成才经验，而是邀请母子俩随他一起去实验室。到了实验室，化学家将一瓶黄色的溶液放在孩子面前。孩子好奇地看着它，既兴奋又不知所措，过了一会儿，终于试探性地将手伸向瓶子。这时，母亲在他身后断喝一声，孩子吓得缩回了手。化学家哈哈笑着对这个母亲说："这不过是一杯染过色的水而已。你的一声呵斥虽出自本能，却呵斥走了一个天才。"

这个化学家道出了科学家的最大特质，不是勤奋、努力、智商、知识背景，而是"好奇心"。对不明白的事物，一定要打破沙锅问到底。有人说："好奇心是人类精神最崇高的特征之一。没有好奇心，人的探究精神就会缺失；限制和扼杀好奇心，人类就难以发展。"

莱特兄弟发明了飞机，而兄弟俩心中那个飞上蓝天的梦想种子，是在他们父亲的保护下萌芽的。莱特兄弟自幼好奇心就特别强，他俩看到小鸟在天空自由飞翔，都非常羡慕，于是总爬到树上向下跳，想学鸟飞。一次，两人又萌生出飞到天上摘月亮的想法，结果月亮没摘到，衣服却被剐破了。父亲不仅没有责怪他们，反而和他们一起爬树，而后还郑重鼓励他们："只要努力，我相信你们一定会飞上天的。"

当孩子对这个世界充满好奇时，我们要做的是保护他那颗充满好奇的心，鼓励他探索未知。

要鼓励孩子提问，还要善于向孩子提问

不管忙了一天有多累，在外面和谁生气，心里有多烦，当孩子缠住你问"为什么"时，你千万不要冲口说出这样的话："去去去，我没时

间！""你长大了就知道了！""这种问题还要问吗？"

对于自己一时回答不了的问题，父母不能一推了之，不能不懂装懂，更不能胡乱编造，而要和孩子一起思索。当孩子问了很有价值的问题时，父母要给予肯定，抓住时机诱导启发。当孩子在生活中因为好奇心而犯错，比如破坏了物品时，父母要宽容孩子的无心之过，就像莱特兄弟的父亲一样。

父母不但要耐心、热心地解答孩子的问题，还要鼓励孩子问问题，善于向孩子提问，通过问题促使孩子思考、观察，使孩子的思维进一步发展。不要急于告诉孩子标准答案，最好能和孩子讨论，在互动中得出结论，使孩子形成开放性的思维特点。

没有想象力就没有创造力

想要孩子聪明，给他讲故事

　　如果你想要孩子聪明，就给他讲故事；如果你想要孩子智慧，那就给他讲更多的故事。想象力是创造力的根源，没有想象力的人也不可能有创造力。孩子的大脑想象空间大，在大人看来再平常不过的事物也常会吸引他们注意，引得他们浮想联翩。但是想象力不加培植，就会日渐萎缩。

　　那么，父母如何使孩子的想象力不枯竭，又如何引导孩子的想象力变成创造力呢？

　　一位母亲带着她的儿子问爱因斯坦："请问，我的儿子如何才能学好数学？"爱因斯坦说："如果你想要孩子聪明，就给他讲故事；如果你想要孩子智慧，那就给他讲更多的故事。"

在爱因斯坦看来，知识仅仅局限于我们已经知道的一切，想象力则涵盖将要认识和理解的一切，而讲故事，无疑是培养想象力的绝佳途径和办法。

> 诺贝尔文学奖得主大江健三郎的太太幼时多病，长期卧床，她的母亲便一遍一遍念书给她听。她根据情节在脑海中编织画面，也因此发展了丰富的想象力，后来成为著名的创意插画家。大江健三郎说，如果那时日本有电视，他太太或许就不会成为创意画家。

父母应多给孩子讲故事，少让孩子看电视、玩 iPad，越小的孩子越要避开这些娱乐设施。一方面它们影响孩子的视力，另一方面这些电子产品的画面令人眼花缭乱，会对孩子产生视觉冲击，限制孩子的想象力，使孩子失去思考的空间。

背景知识助想象力孵化出创造力

当孩子能够独自看书的时候，父母就要鼓励孩子多阅读，阅读可以使孩子获得丰富的背景知识，知识是想象力迈向高级阶段的推动力。

爱因斯坦虽然说想象力比知识更重要，但是并没有说知识不重要。相反，只有知识，才能拉回想象力的缰绳，使人们从无边无际地遐想、幻想向解决现实问题靠拢。只有拥有良好的、开放的知识结构，才能使想象力孵化出创造力。这是因为，人要具备创造力，大脑必须有非常发达的神经网络，而背景知识能够丰富大脑的神经元连接，使神经网络更密集，由此，创造力才能强。

　　创造力强的人，往往都热爱阅读。"太阳底下无新事"，几乎所有重大的科技发明，都是人类知识和想象力的完美结合。牛顿所说的"巨人的肩膀"，就是这个意思，别人花数年发现的真理，总结出来的经验，我们通过阅读便可有所收获，变成自己的知识。阅读，使我们在最短的时间内获取别人的经验。

　　总之，知识和想象力二者不可偏废。没有知识，想象力就是无源之水；没有想象力带动思维运转，知识则成了一潭死水，创造力更无从谈起。

父母做对了，孩子潜力变实力

每个孩子都有潜在天赋

心理学家霍德华·加德纳的"多元智能理论"提出每个人都至少拥有八种智能：言语语言智能、数理逻辑智能、视觉空间智能、音乐韵律智能、身体运动智能、人际沟通智能、自我认识智能、自然观察智能。加德纳认为，每个人都能成功，父母应该用更宽广的角度看待孩子的一举一动，发掘孩子的潜能。

电视上的主持人、评论家和演说家们妙语连珠，常常让人自叹弗如，他们属于言语语言智能比较突出的一类人，有很好的文字表达和口头表达能力。视觉空间智能突出的人对色彩、线条、形状、空间及其相互关系敏感度很高，他们适合做建筑学家、技术人员、艺术家、雕塑家等。人际沟通智能发达的人能正确领会人的意图，全面解读面部表情、肢体语言的意义，他们通常很受别人欢迎，适合做营销人员、社会工作者等。

　　每个孩子都不一样，能让别人成功的教育模式并不一定适合自家孩子的发展，这就对父母提出了更高的要求，即一定要深入了解自己的孩子，知道孩子的特点，及早、充分挖掘孩子的潜能。

　　父母有一个教育优势：在陪伴孩子成长的过程中，父母可以清楚地看到孩子变化的每一个细节。

　　　　一位父亲开车时想听一首歌，找不到，坐在车后座的 3 岁儿子随口就说出这首歌在某一张 CD 的第几首。父亲问他："不会所有的歌你都记得吧？"他说："当然记得。"甚至每首歌的播放时间，他都答得清清楚楚。父亲又问了儿子一些其他的问题，再想到儿子 1 岁多的时候背古诗就很厉害，听一遍就能记下来，最后确认儿子有很强的记忆力，而且对数字非常敏感。

　　　　孩子 6 岁的时候，数学水平已经达到了加拿大（当时一家人都在加拿大）10 年级的水平。于是这位父亲决定辞掉自己的工作，举家回国，给孩子更适合的教育环境。

　　　　这个潜力被及时挖掘的男孩果然不负众望，小学时就获得了华罗庚杯全国精英赛深圳一等奖；12 岁获得全国高中数学联赛三等奖，被北京大学数学科学学院和清华大学数学科学系提前预录取，并入选 2012 年中国数学奥林匹克广东省数学代表队；13 岁获得国际奥林匹克数学竞赛银牌（离金牌仅差 1 分）。

　　孩子究竟有什么样的潜能，还有多少潜能没被挖掘出来？父母既想知道，又很难知道。因为对大人来说，孩子像个谜，一方面孩子还小，不能清晰地表达；另一方面孩子只顾着玩，陶醉在自己的世界里。

当孩子无意间显露某种潜能的时候，父母发现得越早，越有利于孩子创造力的培养。这就需要父母常常陪伴孩子，多花时间和孩子开展创造性的游戏，了解孩子每一步的发展，做有心的观察者。父母对孩子必须投入爱和精力，没有在最恰当的时间做最恰当的事，就是错过，就是遗憾。

成熟的父母能让孩子发挥优势

一个朋友告诉我，她上高中的时候有个男同学头脑十分灵活，很会说话，大家都爱听他讲故事，每天课间他都自告奋勇给大家讲趣闻逗乐，可是他的书念得实在不怎么样，每次考试后老师都要请家长谈话。毕业后，他没能考上大学，父母也没逼他复读，而是同意他去婚庆公司做司仪。朋友说："当时大家都觉得他那么早到社会上谋生，又没有大学学历，将来的发展会很受限制。没想到，他渐渐做出了名堂，后来创建了当地最大的婚庆婚纱摄影公司，成为全班事业发展最好的一个。"

这个男孩的父母很明智，让孩子闯出了一条适合他自己的路。所谓天才，其实就是选择了适合自己发展道路的人。成熟的父母会让孩子充分发挥优势，不会过分纠结孩子的短板。如果父母用孩子的优势提升其信心，说不定孩子的弱势慢慢也能得到弥补。

一个小学生拿着成绩单回到家，告诉母亲自己语文考了全班第一，98 分，数学没考好，只有 70 分。母亲一听大发雷霆：

"数学才 70 分，你怎么这么笨呀！"孩子小声嗫嚅道："可我的语文是全班第一。"母亲一听更来气了："数学最重要！数学不行，物理、化学也不行！"

孩子很委屈，为了不被妈妈骂，花大力气做习题恶补数学。可是他的优势不在数学上，努力半天数学成绩只提高了一点，语文成绩还退步了。又一次考试后，母亲对他又是一顿骂："数学进步这么慢，语文也不如以前，你到底是怎么学的？"总被骂，总得不到理解和认可，这个孩子觉得自己很没用，越来越没自信，学习没了劲头，整日闷闷不乐。

成熟的父母会怎样做呢？应该首先肯定孩子的努力："孩子，你语文能考第一，这都得益于你坚持阅读，以后买课外书，妈妈都支持你！数学不好不要急，可能只是没找对方法，你语文能学这么好，努努力，数学也能提高。把试卷拿来，让妈妈帮你分析一下，看看都错在哪里。"

父母这样处理，孩子的感受会完全不同。一方面，孩子会因为受到表扬和鼓励，努力保持优势；另一方面，没有哪个孩子真的认为自己笨，信心有了，不服输的劲儿上来了，学习数学会有更好的心态。

相信孩子，让他做自己

很多父母知道要留心观察和尽早开发孩子的潜力，但是，采取不同的教养方式和态度，得到的效果完全不一样。

有人总觉得自己的孩子不聪明，各方面都表现平平，甚至比别的孩子都差。其实，哪怕孩子一时不如人，父母也要沉住气，坚信孩子是优秀的，他一定在某个方面有过人之处，只不过还没有机会表现而已。此时不妨不带任何功利目的，让孩子多多尝试各种兴趣。这些有益的经历早晚会发酵成丰富的养料，激发孩子沉睡的潜质。

　　诺贝尔化学奖获得者奥托·瓦拉赫在读中学时，父母建议他学习文学，文学老师认为他"不可能在文学上有造诣"；于是他改学油画，油画老师认为他"资质一般，难有成就"。面对如此"笨拙"的学生，化学老师却发现他专注力极强，做事一丝不苟。果然，奥托·瓦拉赫改学化学后，潜能被逐渐激活，在化学方面取得了极高的成就。

父母的态度对孩子十分重要，父母要相信自己的孩子是独特的，并以赏识的目光来看他。父母不要拿孩子的弱项和别人的强项比较，更不要将他塑造成自己想要的样子，不要以自己的标准、愿望、喜恶来约束他。这就是说，父母不仅要给孩子足够的信心，更要有足够的耐心，让自己的内心强大和淡定，具有足够的韧性和弹性。

教育孩子要顺其自然，顺应孩子每个成长阶段的身体发育特点、智力和心理发展特点。父母如果揠苗助长，反而会打破孩子成长的规律和节奏，使孩子疲于应付外界的刺激，影响其正常发育。每个阶段孩子的大脑发育都各有其特点，先松后紧的学习节奏比较符合人脑发展的规律。父母尊重规律，顺其自然，到了该成熟的季节，孩子自然会收获果实。

功利父母培养不出优秀的孩子

学习和特长培养不冲突

　　有些父母在发现孩子有才华时，心态就变了，变得急功近利，他们不惜花费重金去打造孩子，就是希望孩子能早点成功。殊不知，孩子成功或出名过早，就会失去正常的成长环境，逐渐失去童心，甚至迷失自我，这对将来的成长极为不利。而且成名太早的人往往比较自负，容易高估自己、低估别人、错估形势，到后来很可能在哪里站起来，又在哪里倒下去。再者，成名太早的人，起点太高，对以后的发展会形成压力，很难超越从前。这并不一定是他们的能力达不到，而是心态变脆弱了，之前的发展太顺利，以致以后遇到困境就承受不了，产生挫败感。

　　不管孩子在哪方面显露潜力，父母都要一步一个脚印地去培养，尤其不能为了早成名而放弃基础教育。父母一定要重视孩子文化课的学习，这是基础，是孩子将来能在社会独立生存的必要条件。无论将来做什么，都要有一定的知识背景和自学能力。正如《傅雷家书》中傅雷告诚傅聪的："你要做一个钢琴家，首先要做一个文化人，之后做一个艺术家，再之后要做一个音乐家，最后才是做一个钢琴家。你不能直奔主题，直奔钢琴去了，那样钢琴是学不好的。你一定要有一个很宽的基础。"

> 有一个 13 岁的男孩，母亲在他很小的时候发现他对舞蹈有兴趣，就安排他学了 7 年拉丁舞和 3 年街舞。男孩对跳舞十分着迷，参加了一些比赛，还拿了些奖。有经纪人推荐男孩去各地演出，有的演出是在国外。渐渐地，男孩的学习跟不上了，成绩下滑很厉害。父亲坚持要他回学校念书，母亲却不甘心，她认为这样会埋没孩子的天分，行行出状元，不一定只有念书才能出人头地，夫妻两个为此争执不下。

这个母亲的做法只对了一半，行行出状元是没错，但缺少必要的知识储备，没有一定的自学能力，在哪一行都很难走远。13 岁的孩子，应该在学校里接受基础教育，过正常的集体生活，业余时间可用来练舞。如果确实认为孩子有天分，课外多练习也是可以的，底线是学习不能掉队。

郎朗的钢琴老师朱雅芬说过，文化课不好，也学不好钢琴，"只有具备深厚的文化修养和文化基础，才能理解古典音乐的背景、风格与内涵"。

> 在美国茱莉亚音乐学院学习时，马友友拿的是头等奖学金。但在大三时，他决定辍学，用一年的时间思索未来。一年后，他到哈佛大学人类学系学习。马友友说："那时我大概 16 岁，生活经验很少。我觉得我不能马上在音乐界里做事，我真

的需要学点别的，知道世界上有什么。我在哈佛大学的 4 年里，对人类学、历史、艺术史都很感兴趣。学得越多，我看得越深，后来不管是哪种音乐，我都能从中找到其世界性的传统。"

花 4 年时间学习其他学科，这在很多父母看来是不可思议的，但越是有沉淀下去的心态，越会有激扬精彩的人生。后来，马友友再回头做音乐，品质有了质的飞跃。

孩子的学习和特长培养并不冲突。只有当父母抱着功利性的想法，这两者才可能被对立起来。就像前文例子中的母亲认为的，"不一定只有念书才能出人头地"，在她看来，舞蹈和念书，其实都是为了出人头地。既然现在舞蹈已经有了眉目，何不抓住机会直奔目标？学习岂不是耽误孩子了？这么短视地看待学习，孩子即使有能力把学习搞好，也不会真的去用功。假如她的孩子没有跳舞这个特长，以她的思维方式，她肯定也会逼迫孩子学习。

请注意，我这里讲的是学习，而不是学习成绩。父母注重孩子的学习，不能"唯成绩论"，只要孩子知道学习对未来生存、生活的重要性，能够认真对待学习，就可以了。

发展孩子特长应注意的原则

父母注重培养孩子的兴趣和特长，希望挖掘其潜力，辅助其成才、成功。这没错，不过，应该注意以下原则。

第一，尊重孩子的自主兴趣。父母着力培养的，一定是孩子自己感兴趣的东西。

第二，心态要放平，只管耕耘，不问收获。

　　培养孩子的兴趣和爱好，主要是为了丰富孩子的生活，既不能为了出名，也不能为了获利。我们教育孩子，一方面要培养他们的才能，另一方面要使他们有健全的人格、丰富的人文精神，这样的教育才是全面的教育。德才兼备与名利并不对立，但一个是主要的，一个是次要的，不能本末倒置。

　　第三，要有一定的风险意识。

　　林书豪的妈妈对他说："你想将来打球没问题，但你要有一个后备的职业，万一受伤不能打，你怎么办？学生的工作就是先把书读好，把书读好，你打多少球都没关系。"林书豪的妈妈很理性，投身篮球这行风险系数大，而且职业寿命短。孩子往往缺乏风险意识，他们通常只关注如何把兴趣发展好；而父母了解现实的残酷，需要帮助孩子把底线控制好。

　　第四，灵活性和持之以恒相结合。

　　孩子的兴趣可能变化很快，有的孩子对自己的兴趣坚持不了多久，或者换来换去的。父母对此不必上纲上线，认为孩子毅力不够。这是孩子认知发展的必要过程，而且兴趣本身就是孩子自己的事。如果他想放弃某种兴趣，或者想开始一项新爱好，父母都应该尊重，顺其自然。这些浅尝辄止的经历，已经丰富了孩子的生活，其意义已经达到了。而且，很可能孩子过了一段时间之后，又重新爱上了它们，这都是很正常的。

　　但是，如果孩子对某一特长非常专注，又很有天分，本把它作为终生奋斗的目标，却忽然想要放弃，父母就不能听之任之了，避免孩子是一时冲动的选择。父母要帮孩子理性分析原因，疏导其心理和情绪，给孩子一段调整的时间，尽量使其回到原有轨道上。天赋的确对发展兴趣有影响，但这种影响只相当于马拉松赛跑时比别人少跑 1000 米而已，能够成功，靠的还是持之以恒。父母一定要认识到：危机同时也是机遇，孩子遭遇低谷并不是坏事，而是为下一次起飞积蓄能量。

父母摆正心态，孩子对学习和特长发展才有正确的态度。父母应为孩子创造宽松、自由的环境，若孩子的特长非常突出，父母则应全力支持和配合孩子，不仅是物质上的准备，更要有心理、精神上的支持。

孩子的品行
比成绩更重要

教导孩子好好做人，是家庭教育最重要、
最根本的任务。父母要在孩子心田播下正
确价值观的种子，让孩子生出"七颗心"。

品格培养是教育的核心

德育是家庭教育最重要的任务

　　孩童时期是一个人价值观形成的关键时期，父母绝不能在孩子的品格培养中缺席。理想的价值观既能调动人丰富的经验与认知，又是人内心真实的感受，能够支配人追求真实、美好、高尚的生活。

　　如果孩子的价值观积极向上，他就会抱着乐观的心态面对生活，努力做一个对社会有用的人；如果孩子的价值观消极阴暗，他就会抱着悲观的心态生活，不会相信世界上存在美好的事物，也很难获得真正的幸福和快乐，他的精神世界也将是空虚荒芜的。

　　在有的家庭，孩子仅凭学习成绩好，便可以得到父母的赞许。而与智育相比，更为重要的德育却销声匿迹。父母为孩子的学科教育投入大量金钱和精力，盼着孩子学有所长，将来出人头地，对孩子的品行则无暇顾及。受这种功利价值观主导的家庭教育，很容易让孩子的价值观出现偏差。即使这些孩子的学业不错，他们在品格上可能是不合格的。

教导孩子好好做人，是家庭教育最重要、最根本的任务。孩子品格的形成受父母言行潜移默化的影响，父母要培养和帮助孩子树立积极正确的价值观。

孩子错误价值观的源头之一是父母，孩子对外界的判定也很大程度上依赖父母的观念。如果父母从一开始灌输给孩子的就是错误的观念，再纠正需要花更大的力气，而且不一定能扭转。

"只要考出好成绩，什么要求都答应，什么愿望都满足，其他的一切都不重要。"这种教育方式大错特错。正确的方式是什么呢？孩子读书很认真，父母应了解孩子的动机。如果他是为了兴趣而学，有远大的理想和目标，那么父母便可以放心了。但如果孩子的学习动机是"我一定要考好，这样才会得到奖励"，父母就要检讨自己的教育方法了，因为物质奖励换来的常常是短期效应，一旦奖励消失，孩子的正确行为也往往消失。

孩子如果为了钱而学习，就体会不到真实的学习乐趣，很难建立好的学习习惯，价值观也会出问题。孩子考试考差了，只要是真实成绩，父母也应该鼓励，因为诚实比成绩更重要。孩子拿别人东西了，哪怕是很小的文具，父母也要责罚，要让孩子知道父母对这种错误比考试成绩更加重视。孩子在背后议论同学，父母要用心听，看看孩子究竟是怎样看待问题的。如果孩子心态不健康，父母一定要正确引导，让他多看到同学的长处，消除孩子的嫉妒、虚荣、冷漠之心，培植孩子的谦卑、善良、友爱之心。

教育不是说出来的，是做出来的

很多父母向我诉苦："我都说一百遍了孩子就是不听。"我说："说一百遍孩子不听，说一百零一遍，难道孩子就会听吗？孩子不听你还说，那不是做无用功吗？"正确做法是：父母应该先闭上嘴，想想问题出在哪儿，是自己说的话不对，还是要求孩子做到的事情自己也做不到。复印件出错了，我们不应更改复印件，而应该去更改原件，否则下一次复印还是会出错的。

孩子不一定会记住父母说的话，却会模仿父母做的事。父母做了什么，往往比他们对孩子说了什么更重要。父母不经意的一个行为，便可能在孩子身上投下影子。父母的一言一行都能影响孩子。

我有个朋友是老师，她有两个孩子，女孩5岁，男孩2岁。朋友每晚哄孩子睡觉，都轻唱《摇篮曲》，孩子在她轻柔的歌声中，总会很快就甜甜地进入梦乡。这个习惯，她坚持了好几年。

后来有一天晚上，小儿子哭闹不休，迟迟不肯睡觉，而她忙着批改作业，没时间哄他。没想到，过了没一会儿，儿子的哭闹声就停止了。她很奇怪孩子怎么这么快就安静下来了，于是放下作业走进卧房查看。当时，眼前的情景让她既惊讶又感动，只见女儿正学着她的姿势，伏在床边，一边轻抚着弟弟的小脸，一边轻轻吟唱《摇篮曲》。

父母的身教对孩子的成长影响深远，尤其是在幼儿阶段，父母怎样做，孩子就会怎样学。

教育不等于说教。教育不是说出来的，而是做出来的。父母是孩子的第一任老师，孩子善于模仿，模仿产生的效果好坏，完全取决于他所模仿的对象是怎样的。因此，父母平时必须注重自己的言谈举止。孩子将我们的一切都看在眼里。我们做得对，孩子就模仿对的做法；我们做错了，孩子也会跟着错下去。

　　从前有一户人家，七十几岁的老人和儿子、儿媳、孙子住在一起。老人年纪大了，手有些颤抖，总是把饭菜撒出来，还经常摔坏碗。儿媳为了这事多次责骂老人，儿子更是做了一个木头碗给老人，吃饭的时候还把老人赶到角落里去。

　　过了几天，两个大人发现孩子总是敲敲打打的，就问他："你在干什么？"孩子说："我正在做木碗，等你们老的时候，我就给你们。"童言无忌，夫妻两人对视了一眼，明白这是自己对待老人的态度被孩子看在了眼里。他们觉得很惭愧，立刻把木碗收起来，请老人回餐桌用餐。

　　"欲教子先正其身"，父母，包括与孩子一起生活的其他人，都要努力提高自身修养。父母的德行就像是风，孩子的德行就像是草，风往哪边吹，草就往哪边倒。父母不一定要有很高的学识，但一定要有德行，才能培养出品德好的孩子。

　　父母要学着做好的播种者，在孩子心田播下正确价值观的种子，它自己就会生根发芽，指引孩子走向与人为善、与己为善的道路。具体说来，正确的价值观至少包括"七颗心"：平常心、责任心、自信心、上进心、爱心、同理心和感恩心。

平常心教出好孩子

好心态传递正能量

　　父母的价值观对孩子具有很大的影响力，但如果父母想把价值观强加给孩子，则会引起孩子反感。这是因为，每一代人所处的社会环境、时代特点都不同，孩子的人生体验与父母也不一样。父母要想帮助孩子培养起正确的价值观，需要有平常心，只有心态对了，身教才会对。

　　有这样一个家庭，两代人共有13名成员考进清华大学。听说过的人都惊叹不已，而他们却自认平凡。

　　在这个家庭里，父母均是清华毕业生，他们的3个子女先后考上清华大学，媳妇、女婿恰巧也是清华毕业生；到了他们的孙辈考大学的时候，6个人中有5个都考上了清华，唯一没选择清华的，最终进入哈佛大学医学院。

　　怎么才能上清华？无数人问过他们这个问题。得到的答案很简单，那就是认真、上进，再加一颗平常心。

这家人营造了轻松的学习环境。中间一代的"清华"毕业后都是单位骨干，工作都非常忙，"没有太多时间管子女的学习"。几个"小清华"也没上过补习班，小时候聚在一起也是玩，几乎不交流学习。他们的家庭气氛很宽松，父母都会给予子女充分的信任。对严厉的"虎妈"教育理念，他们都表示不可理解。"天天盯着孩子没用，学习得孩子自己体会。"

他们觉得"孩子应该有好的生活习惯，有健康的心态，对自己有要求，父母没必要给孩子设立什么目标"。这个家庭的每一个人都非常淡定，觉得自己没有什么了不起。"我们都是很普通的人，毕业后认真工作几十年，然后退休，真的没什么可说的。"

这个家庭拥有一种淡然的处世态度。有平常心的父母懂得适度的艺术：他们对孩子有期许，但期许不会过高，这就不会对孩子造成太大压力；爱孩子，但不过分，不会宠坏孩子；重视家庭教育，但不强加于孩子，这就给了孩子自我教育的空间；和孩子的距离适度，不把孩子一切过错揽在自己身上，也不把孩子一切优秀都归功在自己身上，这就给了孩子自由。父母的心足够淡定，才能提供宽松的环境，给孩子爱与自由，孩子的身心才能健全发展。

父母拥有平常心是孩子的福分

平常心有哪些内涵呢？诚信做人，认真做事；不骄不躁，既不自视甚高，也不妄自菲薄；明智从容，既要积极主动，尽力而为，又顺其自然，不苛求事事完美……其实，父母努力追求心智的成熟，即是修得平常心。

平常心说起来容易，做起来却很难，需要个人修养比较高，对自己、对人性、对世事都有相当的了解和把握。父母教育孩子的压力，说到底源于这个社会竞争的压力。过于看重成败得失的人，不能接受做普通人的人，认为只有成功才是幸福的人，往往很难拥有平常心。

如果父母没有平常心，患得患失，孩子将直接从父母那里感受到这种不稳定的心态，内心对竞争会特别在意，渴望获得外界的认可，看重外部评价而忽视自己内在的需求和感受。

古今中外，有智慧的父母，培养出优秀人才的父母，几乎都有平常心。例如，著名建筑家贝聿铭，父母对他的期望就是顺其自然，择长项发展。再如，比尔·盖茨的父亲的平常心教育，对比尔·盖茨影响甚大。他采取的是鼓励式教育，从不贬低孩子。他经常带盖茨去图书馆，盖茨因此养成了爱看书的习惯。他呵护盖茨的好奇心，让好奇心引导盖茨去发现真理，这就是父母不过度教育孩子，给予孩子自我教育的机会。

平常心看似波澜不惊，却成熟而深刻。父母拥有平常心是孩子的福分，孩子能根据内心找到自己信服的价值观，指导自己一生的为人处世。

责任心是安身立命之本

责任感就是做人的本分

我 13 岁的儿子曾问我："妈妈，人生到底有什么意义？"我这样告诉他："人生好像没有什么意义，但是责任赋予了人生一定的意义。一个人为人子女的时候，就有为人子女的责任；一个人为人妻或为人夫的时候，就有为人妻或为人夫的责任；一个人成了老板或者领导，对员工或下属就有了责任，对企业或集体也有了责任；无论是会计师、律师还是教师，这些职业和职务都赋予人生一定的意义。责任是做好本职工作、做人本分的表现。有责任感的人才有担当，才有主动性，才懂得自律，将来才可能为家庭、为工作、为社会做出一定的贡献。"

如果孩子不需要为自己负责，不需要付出努力就可以得到一切，他就体会不到自我的价值，很难为自己的未来付出心血。没有责任心是一种人格缺陷，父母应尽早培养孩子的责任感。

"现代管理学之父"彼得·德鲁克说："这个世纪最重要的事不是

技术或者网络的革新，而是人类生存状况的重大改变。人将拥有更多的选择，他们必须积极地管理自己。"每个孩子都要独自面对社会，决定自己的命运、自己的行业、自己的未来……每天都会面临各种选择。孩子需要有很强的独立性和责任感，才能在这充满竞争的社会中生存。

　　一个人知识上的缺陷并不一定影响他的一生，而人格上的缺陷将贻害他一辈子。学识、能力、才华固然重要，但缺乏责任感、责任意识、责任心，就难堪大用；即使小用，也令人担心。这是因为，责任感是一个完整而独立的人必须具备的素质之一，是一个人能够立足于社会、获得事业成功与家庭幸福至关重要的人格品质。一位成功的企业家曾说过，一个人必须有责任感，不管做什么，做一天就得做好一天，这就是一个人的本分。

专横的父母"吓跑"孩子的责任心

　　有的父母专横、严厉、不宽容，把孩子当下属甚至附属品，认为自己提供了一切，安排好了路线，设定好了目标，孩子就应该服从和完成。有这样的父母，孩子一般都胆小怕事，因为一旦做错事就会挨骂受罚，他们不爱"揽事"，一犯错先推卸责任。

　　专横的父母总利用权威打压孩子，孩子内心真实的需求与感受都被压下去了，一切选择都是被动接受的，而既然是被动的，就不想承担责任。专横的父母生气的时候，说的话特别难听，让孩子十分痛苦，直接"谋杀"了孩子的责任心（见下表）。

"谋杀"孩子责任心的语言

侮辱	"傻瓜！废物！不中用的东西！你简直是个饭桶！"
非难	"叫你不要做，你还要做，真是不可救药！"
压制	"不要强词夺理，我不会听你狡辩！"
强迫	"我说不行就不行，还敢顶嘴！"
威胁	"你再不学好，妈妈就不要你了！滚出去！"
贿赂	"只要这次考90分以上，爸爸就给你买新手机！"
挖苦	"就你还想当画家，做梦吧！"

没有责任心的人害怕承担责任，斤斤计较，不愿付出，这样的人在职场上很难独当一面，事业上不会有出色的表现；在婚姻中不懂相处，因此也很难享受到家庭幸福。

我的一个女学生，几年前嫁给了一个富二代。婆婆是一家房地产公司的董事长，出手十分阔绰。她结婚时，婆婆给小两口又是送别墅，又是送豪车，所有人都羡慕她的生活。但是好景不长，她结婚不出两年，生了孩子之后，她的丈夫就总以有应酬、要发展事业为由，经常不回家，对她和孩子的所有事都不闻不问。通过在一起生活，她了解到，原来丈夫这么不负责任，和她婆婆有直接的关系。因为婆婆从小到大都宠溺儿子，对他有求必应，才让他不懂得为自己和他人负责，即使结了婚有了孩子，他也无法承担起一个男人照顾家庭的责任。

这个没有责任心的成年人，曾经是没有责任心的孩子，这就是父母疏忽责任心教育的结果。所以，一定要尽早培养孩子责任感，只有这样才是真的爱孩子，才是真的帮助孩子成长。

信任成就孩子的责任感

我认识一位企业的负责人，学识高，人品好，专业强，为人处世也很周到。他说从小父母就肯定他、信任他，于是他要求自己所有行为都不要辜负父母的信任，努力上进，全力以赴。

在电影《银河补习班》里，儿子从小深受父亲的信任和鼓励，最后成了宇航员。并在太空中出现机械故障后，排除万难，完成了修复任务，顺利返航。

比被人爱更好的感觉是被人信任。因为被信任，孩子能生出强烈的责任感；因为对人对事都很负责，孩子又会获得更多人的信任，这是一个良性循环。

责任源于信任。请记住一个原则：只要孩子能自己做的，父母就不要帮他做。父母帮孩子做得越多，孩子可能越不懂感恩。相信孩子，让他有机会独立把事情做完，就算没有成功，他也能学到经验。

当孩子开始发展独立意识和自我意识时，就是培养孩子责任心的最佳时机。要培养孩子的责任心，就要锻炼孩子独立做事的能力。从自己洗手，自己穿袜子，自己收拾玩具这些小事开始，一直到孩子自己决定暑期如何度过，大学报考什么专业……父母要逐渐放手，让孩子学会对自己负责，做自己生活、情绪、时间、空间的管理者。当孩子遇到困难时，父母可给予指导、建议，但不能替孩子解决问题，尽量尊重孩子的独立意志。

承认孩子努力的成果

让孩子帮忙做家务，是培养孩子对家庭的责任心的第一步。美国哈佛大学心理学家韦朗特通过研究发现，在童年期参与家务比较多的人，比参与家务少的人，成年后在人际关系方面会有更好的表现，获得高薪工作机会的可能性高 4 倍，失业可能性则是后者的 1/15。此外，前者比较乐观、有充实感，后者犯罪的可能性则比前者高。

以前，每当家里的打印机出故障，或需要搜集英文资料，我就会喊女儿帮忙。每当家里新添家具，我的先生就会喊儿子平平帮忙组装。因为从小就做这些事，平平 16 岁左右时，家里再新买家具，他自己就能一边看说明，一边完成组装了。孩子参与了家里的事情，会感到自己为家庭做了贡献，心中油然而生一种归属感和成就感。

但孩子终究是孩子，意志和思维都达不到成年人的水平，有的事的确很难做得好。有的妈妈向我抱怨："让孩子做？她做 10 分钟，我要用 20 分钟去收拾她的烂摊子。"的确，孩子几乎都是 3 分钟热度，刚才还信心十足地拍胸脯保证能做完，没一会儿就厌烦了，玩别的去了。

责任心是一点点培养起来的，父母既要对孩子有耐心，更要讲究方法。让孩子做一件事，父母并不是吩咐之后就不管了，而是要提供具体的指导，确保孩子做的事情是他能力范围内的，逐步让孩子摸索和掌握技巧，这样才能减少"虎头蛇尾""越帮越忙"的状况。

比如，父母可以先让孩子"认领"一件家务事，洗碗、整理房间、倒垃圾、浇花都可以，定好"制度"之后，就要严格执行，赏罚分明。当孩子想推诿或退缩时，父母应该坚定立场，要让孩子明白，分内的事他应该负责到底，自己的"王国"要靠自己管理。这样，他就不会认为把用过的东西放回原处是减轻妈妈的负担，他会明白这是在减轻自己的负担，因为下次再用时，可以非常方便地找到。如果孩子没有完成分内事，父母要根据事先定好的"制度"惩罚孩子，比如扣除零用钱。孩子也许一开始不习惯这样，但只要坚持，习惯就会慢慢养成。而一旦习惯成自然，责任感就内化在他心中了。

在孩子参与做家务的过程中，无论做得好与不好，家长都要承认这是孩子努力的成果。虽然真实的情况是孩子越帮越忙：洗个碗，地上全是水；拖个地，像在地上写大字 ……但父母依然要肯定孩子的付出，赞赏孩子为家庭所做的奉献，让孩子心生"幸好有我帮忙"的快乐感觉。

如果哪一天，你的孩子自告奋勇做了一道菜，即使不好吃，你也必须做出吃得很开心的样子。这不是虚伪，而是对孩子的一种鼓励、一种肯定。你不妨这样说："这菜味道真不错，如果盐放少一点，味道会更好。"孩子听你这样说，就会很认真地想下次怎么改进。但如果你说："这么咸让我怎么吃啊！"孩子很可能就会失去尝试的兴趣。记住，一定要让孩子心中有"再做一次"的渴望，只有这样，孩子的责任心才会不断增强。

孩子做错事，须自己承担后果

如果孩子做错事或做得不太完善，哪怕事情再小，父母都应让孩子负起责任，让他们学会自己承担后果。比如，如果孩子上学忘了带课本，父母不要急着帮他送到学校，要让他体验到自己失误带来的后果。孩子不小心打碎了邻居的玻璃窗、撞坏了邻居的花盆，父母赔付后，如果孩子没有为错误付出代价，他就不会认识到自己的错误，更不会有责任感。正确的做法是，父母和孩子讨论一个双方认可的方案，比如孩子每个月少拿一部分零用钱，或者多承担一些家务（比如刷一个月马桶）

来抵扣。

为什么必须这样做？因为，如果每一次父母都是出钱帮孩子解决问题，却不要求孩子负责，他就会这样认为：反正爸妈会帮我解决，我做错了也没有关系。有了这样的态度，孩子肯定还会继续犯同样的错，责任感很难建立起来。

父母应鼓励孩子坦然接受与面对错误，不能因为害怕责罚而逃避、说谎。孩子承担责任是需要一定勇气的，勇气来自孩子对父母的信任。也有父母认为孩子还小，犯点错不需要负责，自己帮孩子善后。他们这样貌似爱孩子，实际是把孩子的责任揽到自己身上，让孩子无法从错误中吸取教训。这样的孩子长大后会习惯性地推诿责任，为自己找借口，很难受到他人欢迎。

自信心是通往成功的阶梯

缺乏自信心会阻碍个人发展

自信心是一种积极的心理品质，是引导人走向成功的阶梯。自信心强的人，内心对自我是充分肯定的。他们具有强大的精神力量，常常表现出很强的适应性，无论在熟悉还是陌生的领域，无论生活在顺境还是困境当中，都会积极乐观地面对，集中智慧解决遇到的问题。

因为充满自信，海伦·凯勒创造了人类史上的奇迹。这位19世纪美国女作家、教育家、慈善家和社会活动家，从19个月起就再也看不到任何东西、听不到任何声音，也说不出任何话语。但是，她却以顽强的毅力，掌握了英、法、德等五国语言，甚至学会了书面语言、说话乃至演讲，从世界顶尖的哈佛大学毕业。支撑海伦·凯勒创造这样伟大人生的力量，正是自信心。

没有自信心的人往往一事无成。缺乏自信是人生的一大悲哀，一个看不起自己、不认可自己的人，又如何指望获得他人的认可和尊敬？一些孩子非常聪明，却因为缺乏自信，在学习和生活中稍微遇到一点困难就垂头丧气，止步不前。而一些资质平平的孩子通过不懈努力，却可以取得优异的成绩，凭的就是自信心，相信自己能克服困难，不断超越。

正如拿破仑·希尔所说："人与人之间只存在很小的差异，但往往在结果上存在巨大的差异。这个很小的差异就是在心态上是积极的还是消极的，是相信自己还是不相信自己，造成的结果则是一个人成功还是失败。"

父母的肯定让孩子更自信

父母采取的教育方法能够影响一个孩子的自信程度。在孩子的自我意识形成之际，好的家庭教育能赋予孩子对自己的信心、对未来的信念、对他人的信任，也能让孩子拥有乐观、积极的心态。父母对孩子的评价和态度，往往能决定孩子对自己的认识和态度。之后是学校教育、社会教育以及孩子长大后的自我教育，但后三者都建立在家庭教育的基础之上。

父母也许不能给孩子十分富足的物质生活，但是能给孩子由衷的赞扬和鼓励，让他因为获得认可而充满自信。在孩子很小的时候，父母便要积极地肯定他，称赞他付出努力的行为和态度，不能随意打击、嘲笑他。培养信心更佳的途径是放手，让孩子做力所能及的事，在小事上不断锻炼他。孩子能自己解决一个又一个问题，他的自信心自然高涨。

睿智的父母懂得用欣赏、夸奖、鼓励、暗示等方法培养孩子的自信心。他们明白，自信心是打开孩子潜能之门的钥匙，有了这把钥匙，才能通过精神和智慧的力量，自觉将深藏的潜能激发出来。

有一个男孩十分优秀，他左脸有一片十分醒目的青紫色胎记，从眼角一直延伸到嘴角，猛然一看十分吓人。但他显然没有因此而自惭形秽，总面带笑容，神态安然若素，自信谦和。老师、同学都喜欢他。相貌上的缺陷对一个人的影响挺大的，有的人甚至一生都走不出自卑的阴霾。男孩的一个好朋友有一天忍不住问他："为什么胎记没能给你造成阴影呢？"这也说明了男孩的心态很健康，否则朋友也不敢当面问这样敏感的问题。

男孩回答："从小，父亲就告诉我，在我出生前，他向上天祈祷，希望上帝赐给他们一个有特殊才能、与众不同的孩子。上帝听到了他的祈祷，在我出生时，让天使吻了吻我的左脸，做了个标记。这样，上帝才能在众多婴儿、茫茫人海中准确地把我送给我的父母。我的脸上也因此留下了天使的吻痕，这是幸运的标记。父亲是这样告诉我的，所以，从小我对自己的好运气深信不疑。每当陌生人第一次见到我，脸上都会流露出惊讶的表情，我都把它解读为羡慕。我是上帝送给父母最独特的孩子，所以，从小我就特别努力，生怕浪费了上帝赐给我的特殊才能，这么多年下来，我感觉自己一直受到命运的垂青，这证明父亲没有骗我。"

这个男孩拥有一位多么爱他、多么智慧的父亲啊！本来有可能因为外貌而感到自卑，父亲的心理暗示让他成为一个健康、自信、优秀的孩子。

自信源于积极的心理暗示。关于积极心理暗示的作用，心理学上有个"皮格马利翁效应"，它由美国著名心理学家罗伯特·罗森塔尔和伊迪丝·雅各布森提出。

　　1968 年，这两位心理学家来到一所小学，在每个班随机挑选了几名学生，将他们的名字写在一张表格上，郑重交给各班的老师，极为认真地说："这些学生经过科学测定，是你们学校最有发展前途的学生。"8 个月后，两位心理学家又来到该校，发现这些学生的确超过其他学生，进步很大。

　　其实，这只是心理学家所做的一个期望心理实验。这些学生完全是随机选择的，并未经过科学测验。但是，这个"谎言"对老师产生了暗示。因为相信了权威专家的判断，老师对这些学生另眼相看。在和这些学生交谈时，老师情不自禁地通过自己的情绪、语言和行为，把内心对学生的积极认可和评价传递给了他们。比如，老师对这些学生难掩内心的热情；注视对方时，眼神充满欣赏和信任；语调亲切、鼓舞人心；笑容也变得更加温暖、亲切，透露出由衷的赞赏。老师的表现对这些学生产生了巨大的影响力，他们变得更自信、更自觉，努力学习，积极向上，很快成绩就有了显著的提升。

为人父母者可以从"皮格玛利翁效应"中得到启示：对孩子的赞美、信任和期待，往往能促进孩子提升自我价值，变得自信、自尊，获得积极向上的动力。通常情况下，孩子得到的正面评价越多，越会努力学习、做事，约束自己的行为，不辜负父母的期待。相反，如果父母给孩子传递负面信息，孩子可能会降低自我评价，逐渐失去自信，甚至陷入自卑和不安。

过度表扬对孩子有害无利

父母利用赏识教育培养孩子的自信心，要注意避免夸大其词，不宜过度表扬孩子，否则可能会让孩子产生盲目的自信，甚至走向自负。儿童教育专家玛莉琳·古特曼认为，那些小时候总是过度受到父母表扬的孩子，在步入社会后很可能会遇到更多的失望。这是因为，有些父母为了鼓励孩子，可能会忽视客观事实，夸大孩子的表现。过分赏识会使孩子飘飘然，从而失去对自我价值的客观判断。

父母心中都有一个对孩子的期望目标，但这个目标不能定得太高。孩子如果实际能力不及，连连失败，就容易产生失败感，丧失信心，不愿再去努力。越是不努力，就越做不好；越是做不好，就越不自信，形成恶性循环。但也不能把目标定得太低，孩子完成得轻而易举，父母大力赞扬，孩子就变得轻率和骄傲。因此，父母应根据孩子的发展特点和个体差异，为孩子确定一个适合其水平的目标，让孩子在不断的成功中获得自信。

上进心是孩子内在的成长动机

宽松的环境滋养上进心

上进心是人内在的成长动机。为什么树向上生长？这是自然规律——植物大多有向光性，为了争取阳光，就会向上生长。为什么人要上进，为什么说"人往高处走"？这也是自然规律——人是自然的一部分，每个人都希望被尊重，受敬仰。

既然孩子天生就有渴求进取的动机，父母就不要把催促孩子上进当成自己的工作。父母要认清自己的角色。如果把孩子的人生比喻成一场马拉松，人生的跑道上，跑步的只是孩子一个人，父母只要在旁边呐喊助威就好。而且，加油声不能过于热烈，因为有时孩子需要调整和休息。一味加油让孩子开足马力奔跑，只会让他感到身心俱疲，难以持久。

父母不能代替孩子跑，更不能站在一旁给孩子泄气。孩子已经跑得气喘吁吁了，父母还冲孩子大喊："你为什么这么不上进，快看啊，别人已经超过你了！"有些父母嫌孩子跑得太慢，甚至直接上去踹孩子一脚。现实中这样的父母太多了，他们不断提要求，不断指责和否定孩子，给孩子泄劲。父母这样做，孩子只会感到孤单和愤怒，认为父母根本不理解自己，自己无论怎么拼命，父母都不满意，哪里还会有动力奋起直追呢？

我很庆幸自己生在一个环境宽松、充满爱的家庭。前面讲过，我从小就是在没有压力的情况下学习的，非但没有压力，父母对我都是鼓励和赞扬。父母对我的肯定让我产生了上进心——不能辜负父母的期望，要努力读书，希望能再考好一些，让父母更高兴。父母总对我说："读书时认真读书，玩时也放开玩。"在读书之余，他们也鼓励我多参加课外活动，所以我随性发展，喜欢运动、唱歌、跳舞，这些爱好培养了我积极向上、乐观进取的个性，又使我更加开朗、合群和乐于助人。也可能因为这些品质和个性，我在读大学时成为学校第一位女学生会主席。

我认为孩子在很小的时候，应该在玩中学，学中玩，劳逸结合才能使身心受益，玩的过程又促进了心智成长。而且，我一直坚信：孩子天生都是不甘落后的，父母不用过多地给孩子外界的刺激，不要去压制孩子内心的感受，只需提供一个充满爱和信任的环境，孩子自然而然就能迸发出不服输、不甘落后的上进心。

借孩子的梦想激励他

人有理想，才有前进的方向，才有实现目标的动力。父母不能直接为孩子设定目标，要用孩子自己的梦想去激励他，协助他规划人生未来的发展方向。

目标对一个人的发展具有非常重要的作用。人只有心怀目标时，才有前进的方向，才有奋斗的动力。要激励孩子的上进心，就要协助孩子从小树立理想。

孩子还小，不明白什么叫规划未来。但是，他可能会"初生牛犊不怕虎"，凭借天真之气说，"我将来要当科学家！""我要当航天员！"这样的言语是孩子对未来懵懂的认知，他自己不知道是否能达到目标，以及如何达到目标。父母不能因为孩子的梦想太远大就打趣孩子，而应该借此激励孩子，协助他规划人生未来的发展方向。

　　康多莉扎·赖斯是美国历史上首个非洲裔女性国务卿。她9岁那年，父亲带她去华盛顿游玩，并在白官总统办公桌前拍照留念。当时她对父亲说："总有一天我会在这里面工作！"父亲没有把她的话当成是孩子气，而是激励她："爸爸支持你的梦想。但是，你只有比白人小孩优秀双倍，才能跟他们站在同一起跑线上；只有比他们优秀三倍，才能脱颖而出！"赖斯默默记在心里，比以往更加严格地要求自己，付出了多出几倍于普通孩子的勤奋和努力，拿到博士学位，并最终梦想成真。

不可把自己的期望强加给孩子

　　父母协助孩子规划未来，要牢记不可把自己的期望强加在孩子身上。

　　元元在读高中的时候，有一次和我一起看电视，正好是新闻频道一名著名的女主播在主持节目。我对元元表示，希望她将来也能成为一位出色的新闻记者或电视主持人。听我这样讲，元元严肃地对我说："妈妈，将来我要成为什么由我自己决定。生命属于我，选择也属于我，你不可以把你的主观意识强加于我，或你年轻时未完成的梦想，期待在我身上实现，这对我是不公平的。"

我听后大吃一惊，也了解到孩子的心理，于是马上向她道歉，并解释说这只是我对她的一种期待，并无强加于她的意思。

每个孩子内心都有自己的选择和定位，父母要激励、唤醒和鼓舞，让他迸发进取心，但不能直接为他们设定未来。

有上进心的人，通常是比较勤奋、有毅力的人。不够勤奋、缺乏毅力，孩子的天赋再突出也不可能成才。父母要让孩子知道：那些成功人士，无一不是付出常人不可想象的汗水和努力，才取得了瞩目的成就。生命是一种积累，天下没有免费的午餐。在人生这场马拉松中，谁能坚持，谁才能笑到最后。而真正能坚持下来、脱颖而出的，都是将整段路程分成无数小段，对每段路程设置具体目标，并逐一将它们实现的人。

父母在孩子面前，应始终保持积极向上、奋斗不息的精神面貌，给孩子树立好学习的榜样，要用自己对事业的进取精神去影响孩子，让孩子知道工作就是一个需要认真对待、不断努力追求卓越的过程。孩子不一定听得进去父母讲的道理，却愿从真实的生活体验中接受教育。通常来讲，在一个幸福温暖的家庭中，父母恪尽职守，孩子就会把父母当作榜样。

有爱心的孩子内心充满力量

父母要赋予孩子爱的能力

"爱"很奇妙，一个人越是付出爱，越能得到爱；付出的爱越多，他爱的能力就越强，而且会感染其他人一起付出爱。

父母培养孩子的爱心，首先要让孩子有感知爱的能力。许多人向我抱怨：自己对孩子疼爱有加，而孩子却一点也不懂得关心、孝敬父母。我认为这不是孩子的错，"人之初，性本善"，建议父母先想一想，是不是自己过于溺爱孩子，或者对孩子缺乏爱的教育。

现在的孩子通常集万千宠爱于一身，客观上就决定了他们习惯于接受爱，没有机会付出爱，这样孩子怎能拥有爱的能力呢？要让孩子爱父母，爱他人，还得靠父母的教育。

孩子的爱心受家庭熏陶，是通过模仿父母，潜移默化形成的。家庭是重要的爱心培育基地，父母是最直接的爱心传播者。孩子有爱心，往往是因为看到了父母的爱心。

　　我在美国加州的时候，曾当过北加州校友会的会长，帮助了很多校友。每逢有校友刚到加州，对交通、生活都不熟悉，向我咨询，我总热心帮忙，甚至有时还开车带校友去买菜。校友夫妻闹矛盾，校友儿女找工作遇到困难，都会打电话找我咨询。我先生总开玩笑说："你一个人管八家子的事情，管得可真多啊！"我觉得被人需要是件很荣幸的事，虽然会占用自己的时间和精力，但看到别人由于我的一些努力，生活得到一些改善或方便，我也由衷地感到快乐。

　　看到我平时乐于助人，我的几个孩子也都很热心。多年前，芳芳、平平还小，过马路时我总要提醒他们："绿灯时要快点走，否则变红灯了就很危险。"有一天，我带着他俩在公园玩，一位老先生向我们走来，指着平平夸道："这是你的儿子吧，他好懂事，那天扶我过马路。"原来，平平看到老先生拄着拐杖，走路很慢，生怕绿灯变红灯，赶紧跑过去扶他一起过马路。

爱的力量使财富逊色

　　爱心的力量有时远远大过财富和物质。有很多人去做义工或志愿者，他们不是为了钱财名利，而是出于信念、良知、同情心和责任感，自愿为社会变得更美好出力，贡献自己的时间、才能及精力。比如说义工到养老院去照顾老人小孩，帮老人端药端饭、换衣服、搓澡等。每当养老院有老人去世，义工们也会非常伤心、失落。虽然彼此没有血缘关系，但是通过相处，人与人之间已经产生情感。爱心，是人性光辉中最美丽、最暖人的一缕。没有爱心，人类就不可能进步，社会就没有灵魂。

真正幸福的人，不是只为自己活着的人，而是心中有爱，乐于帮助别人、关心别人的人。我们一生中大部分时间在为自己及孩子打拼，但是，如果我们能留一点时间及金钱，为社会做出一点奉献，这样生命才更圆满、更有意义。孩子看到我们的善举，他也会受到影响，将爱的薪火传递下去。

辛迪是一个聪明乖巧的9岁女孩。有一天，辛迪去外面玩，回到家后一直闷闷不乐，晚上也不肯吃饭。爸爸哄她吃饭，辛迪流着眼泪说："爸爸，要是我把晚饭吃了，你可以答应我一个小小的请求吗？"爸爸看她那么难过的样子，就答应了。吃完饭，爸爸想知道辛迪为什么伤心，就问："到底什么请求？"辛迪说："我要剃光头。"爸爸吓了一跳，妈妈听后从厨房里跑出来，坚决不同意。最后还是爸爸妥协了，他说："我已经答应了孩子，如果反悔，以后怎么让孩子相信我？"

第二天，爸爸开车把理了光头的辛迪送到学校门口，正碰见一个妈妈也送自己儿子上学。令他诧异的是：这个男孩也剃了光头。这时，男孩的妈妈走过来对他说："先生，感谢你的女儿！我的儿子哈里得了白血病，因为化疗，头发都掉光了。学校里同学们都嘲笑他，所以哈里已经整整一个月不敢来学校了。昨天，你的女儿到我家看望哈里，要哈里答应她一定来上学，为了不让哈里被学生们嘲笑，她竟把自己那么美丽的长发剃掉了！"

辛迪的爸爸听完她说的话，眼圈红了，他深深为女儿感到骄傲，并暗暗庆幸自己同意了女儿的请求，满足了她关爱同学的心愿，成全了孩子的爱心。

同理心是人际交往的基石

有同理心的孩子情商高

　　什么是同理心？简单地说，就是将心比心，换位思考，站在别人的角度考虑问题。不能总考虑自己的利益，也要想一想他人的利益；不能总强调自己的观点，也要考虑一下他人的想法。早在两千多年以前，孔子就说过"己所不欲，勿施于人"，这就是同理心。

　　同理心是人际交往的基础，是个人发展与成功的基石。拥有同理心的人，往往容易受到他人的欢迎和信任。如果孩子能够运用同理心，他就善于体察别人的意愿，能够理解他人，真诚地同他人沟通、交往。

　　人与人的关系是相互的，你怎么对待别人，别人就会怎样对待你，你对他人付出真诚，别人对你也会真心以待。同理心会使孩子走向自我教育的道路，自觉提高自己的道德水准和行为标准，所以，同理心强的孩子，往往情商也比较高。

讲公德是基本的道德修养

同理心最典型的体现是讲公德，即在公共场合不妨碍别人，不损害别人的利益。讲公德也是现代人最基本的道德修养，是家庭教育必需的内容。

我见过一些不讲公德的情况。在车站，只要公交车进站，候车的人群就会立刻一窝蜂往上挤，把车门口堵得严严实实。在饭店里，人声鼎沸，热闹喧天，每个人都高声谈笑，旁若无人。在地铁上，有人打电话声音大到全车厢的人都听得见。在电梯口，垃圾桶上一般都铺有一层小石子，这本来是方便吸烟人士熄灭香烟再进电梯的，有人却在上面吐痰。你把痰吐在碎石子上，别人再去熄烟，痰就容易粘到手上。在公共场合，应该将痰吐到纸巾上，包起来丢到垃圾桶。有的人不爱惜公共物品，从图书馆借来的书，喜欢哪一页就随便撕了，完全不顾别人也要看。有的人在大街上碰见熟人，亲热地站在路中间聊天，阻挡了其他人。

这些行为都会影响他人，不值得效仿。父母带孩子外出，就可以在这些方面加以注意，以达到教育的目的。比如，父母带着孩子外出乘车，每次都遵守秩序，排队候车，不插队，孩子就知道这是乘坐公共交通工具的规矩，他将来独自乘车时也会如此。父母在外从不随手丢弃垃圾，孩子就知道，即使是小小的一张纸巾，用完也要扔进垃圾桶。父母带孩子去餐馆吃饭，说话时注意压低声音，以免影响他人，孩子就知道在外面和在家里是不同的，不能随意喧哗……父母的言行充分考虑到公共利益，才可能对孩子产生积极的影响，使其成为讲公德的人。

孩子将来步入社会，如果不讲公德，就无法赢得别人的尊重。如果不能富有同理心地和周围的人相处，不具备换位思考的能力和意识，很可能因为固执己见而遭到误解。所以，具备同理心和讲公德在人际关系中是非常重要的。

如何培养孩子的同理心

要想培养孩子的同理心，父母首先要用同理心理解孩子。不能靠口头的教导："你要谅解别人，为别人着想……"光说不练，孩子既不会照做，也难以真正理解同理心为何意。真正能够改变孩子的，是孩子自己常有"被理解"的体验。他只有经常被父母理解、支持，才能产生理解他人的能力。如果父母和孩子谈话向来都是高高在上地灌输、说教，就很难触碰到孩子的内心感受，孩子感受不到父母的理解，自然也不会主动去理解父母。

当孩子主动向父母表达感受或情绪时，父母一定要珍惜这样的机会，认真倾听，不评价，不急于批判、纠正或给出建议。父母应让孩子自由表达想法、梳理情绪、分析原因，自己只需适当地说一些描述性的语言。比如，"你现在一定很生气""谁遇到那种情况，都会像你一样难过"等描述性语言，而非评价性语言，可以让孩子产生"爸妈真了解我"的感受。

对于青春期的孩子，父母需要有更大的包容心、更强的同理心，才能减少对立的场面，缓和言语上的摩擦。父母和孩子之间的矛盾，多半是因为双方都不具备同理心引起的。

父母说的话没有同理心，孩子自然很难站在父母的角度去理解父母，去衡量自己的行为是否妥当。想一想我们年少时，不正是孩子这副模样吗？所以，父母要培养孩子的同理心，首先要强化自己对孩子的同理心，站在孩子的角度去看世界。

父母应避免和孩子说如下表所示的话。

亲子间引起矛盾的语言

父母这样说	孩子这样答
"这又吼又叫、吵死人的音乐有什么好听的？"	"你懂什么，这是让我灵魂颤动的音乐！"
"我这么苦口婆心地讲，你为什么总是这种态度？"	"我最不喜欢的就是你不停地唠叨，不信我唠叨你试一试？"
"你和同学讲话有说有笑，为什么一看到我就一句话都没有了？"	"朋友是世界上最重要的人。"
"要考试了，为什么成天还想往外跑？"	"考试、考试，就知道考试！出了门，只有外面的世界才能让我放松。"

其次，在家庭内部也要讲公德。让孩子尊重家里其他人的利益，考虑别人感受，在大家共享的空间里要遵守共同的规则。告诉孩子，除了在自己房间里可以随意活动，进入其他人的房间都要尊重其生活习惯。比如，在进父母房间之前，孩子必须先敲门；动用别人用品前，一定要征求意见；用完马桶一定要冲水；在自己房间听音乐声音也不能太大，以免干扰别人；洗完澡后地板要顺手擦干，以免下一个人进卫生间会滑倒……如果孩子从小就能养成这些良好的行为习惯，他的心中就会有别人，懂得为别人着想。

当然，父母不能只在言语上要求孩子，自己也要做到这些才行。

拥有感恩心，才会更惜福

感恩让人更快乐

有这样一件东西，能让我们的内心安定祥和，能让我们在顺境中不狂妄，在逆境中不气馁，能让我们在负面事件面前不沮丧，用正面的思维去思考。这，就是感恩心。有感恩心的人常保积极和乐观，没有感恩心的人患得患失，长期下来，两种人的人生截然不同。

现在的孩子，大多要什么有什么，使他们渐渐形成以自我为中心的思维方式。如果没有感恩心，他们会很自然地认为别人的付出是应该的，自然也不知道感谢别人的善意和帮助。因为没有感恩心，他们感觉不到快乐；又因为不快乐，他们对什么都提不起兴趣。这对孩子来说是不健康的生活和心理状态。孩子只有懂得感恩，才会珍惜所拥有的一切，才会产生幸福感，活得健康快乐。

父母教育孩子，就要把生活过好，过得健康、充实、快乐。营造良好的家庭氛围，共享每一刻珍贵的亲子时光。记住，无论工作多么繁忙，家庭都是第一位的。真正的教育就存在于生活之中。有怎样的生活就会有怎样的教育，有怎样的教育就会有怎样的孩子。

孩子懂得感恩之后，就会想去回报。而付出越多，他们的收获也会更多。所以，父母培养孩子的感恩之心，相当于把他们带上了快乐和幸福的道路。倘若孩子能对生活有感恩的态度，他们的心中便有一块良田，生活中美好的东西都会在其中生长。而且，由于有感恩的力量，他们还会像磁石一样，把美好、幸福源源不断地吸引到他们身边。

感恩心要靠后天培养

孩子不会天生就有感恩心，它是父母培养出来的。父母把感恩心植入孩子心里，等于给了孩子一盏幸福之灯。孩子举着这盏幸福之灯，在今后漫长的人生里，能够独自面对人生的风雨，也能够以平和之心待之。即使遇到再大的阻碍，以感恩之心待之，也能够积极豁达地对待。

不超量满足孩子

得到越多，要求可能越多，成年人如此，孩子也如是。父母尤其要注意：不能超量满足孩子，父母不能当孩子的提款机、印钞机。相反，父母可以适当让孩子吃点苦，还要在合适的时候对孩子说"不"。

什么欲望都能被满足的孩子，快乐其实很少，人对唾手可得的东西往往不会珍惜。所以，父母千万不要超量满足孩子，一定要设定限制。通过限制，让孩子体会到期待、盼望的感觉，让孩子珍惜事物的价值，帮孩子学会自律、知足，学会珍惜，进而生出感恩心。

父母对于孩子提出的超出限制的要求，应该予以拒绝。即使有的要求没有超限，也不要马上一口答应，而是先让孩子说出理由，或者让孩子付出一点时间和精力去达成愿望，这样他们会有更强的快乐感，而且会更珍惜。同时，父母自己在日常生活中也要适当节俭自律，让孩子懂得父母的一切都不是凭空得来的，全部要靠努力才能维持，这样孩子才能感激父母的养育之恩，进而感激他人为自己的付出。

常说"请""谢谢"

在日常生活中，父母要把"请""谢谢"常挂在嘴边：家人之间，为对方做事情、为家庭付出，要相互感谢；在社会上为人处世，也要有说"请""谢谢"的习惯。一句"谢谢"虽然简单，却能为孩子播下感恩的种子，让孩子知道别人为自己有所付出，自己就要对别人表示感激。

教育的最高境界是"润物细无声"。父母的教育要不露痕迹，越自然、越贴近生活越好。孩子耳濡目染，自然会将感恩的心态内化于人格之中。如果父母太勉强，总是提醒孩子"你没说谢谢""你真不知道感恩"，则会引起孩子的反感，失去教育的意义。

养成"惜物"的习惯

父母在平时生活中注重"惜物"，也可以传递给孩子感恩的意识。

比如，日常的三餐不能太奢侈，营养满足，够吃即可；吃饭不能任孩子把饭粒掉满桌，要告诉孩子吃多少盛多少，不能浪费；吃剩下的饭菜不要轻易倒掉，一定要让孩子明白"一粥一饭，当思来之不易"。

逛街买衣服不能冲动，"购物狂"父母只会给孩子做出坏榜样：没穿几次的衣服，不要因为不流行了就扔掉；鞋子只是底部磨损，修修就能穿，也不要说扔就扔。父母如果没有惜物意识，却教育孩子珍惜，未免太过勉强。

母子两人一边回忆着一家人共同经历的点点滴滴，一边为美好的回忆感慨。准备礼物的过程，其实是对孩子非常好的爱的教育，既让孩子懂得尊重父亲，又让他表达出对父亲的爱意。

父亲收到卡片后，看到上面幽默又贴心的话语，非常开心，连连感谢母子俩这么了解他。他还骄傲地把卡片带到公司，一看到卡片，工作起来就更加有动力了。

利用传统节日让孩子感受民族文化

除了生日，传统节日也是一家人团聚的时刻。中秋节，父母可以和孩子一起赏月，在明亮的月光下回忆自己小时候如何过节，让孩子对自己多一分了解，对历史和文化的变迁多一分了解。清明节，父母要带着孩子扫墓、祭拜先祖，让孩子内心有"根"的感觉，了解自己家族的传承。教师节，父母可以指导孩子亲手做一份礼物送给老师，表达感激和祝愿。春节，父母借着走亲访友的好机会，让孩子耳濡目染，了解中国这一最隆重节日的礼节和文化，感受中华民族的文化精髓，从内心产生作为中国人的自豪感。

平常心、责任心、自信心、上进心、爱心、同理心和感恩心，汇聚成孩子的健全人格和高尚品格。父母培养孩子这"七颗心"，就是给予他们最好的精神财富，使他们人生的道路走得更稳健、更成熟、更长远。

挫折是孩子
成长的最好教材

如何面对困境，变压力为动力，是孩子成
长的必修课。父母要学会退后一步爱孩子，
引导孩子培养抗挫力。

Chapter 8

逆商和智商、情商一样重要

提升逆商是孩子的必修课

　　每一个孩子在学习和生活中都会产生挫折感，只不过程度不同，结果不同罢了。有些孩子很快就能调整好自己的状态，但有的孩子遇到一点小挫折就会一蹶不振。这其中的原因就是抗挫力不同。抗挫力也叫逆商，是指人们面对逆境时的反应方式，以及摆脱困境和克服困难的能力。相对智商和情商，逆商也非常重要。提升逆商是孩子人格养成教育的核心任务之一。

　　一个朋友的孩子，从小在父母的精心呵护中长大。他大学毕业两年换了八个工作，理由各有不同，但全部是"公司的问题"。他说："这些工作又受气又累人，怎么能做？"结果，那个"经常要加班"的公司，两年后上市；那个对他"吹毛求疵的主管"，在他离职不久，就让后来者做了项目组负责人；那个"不人性化"的公司，以异军突起之势，迅速开了多家分公司……因为对挫折欠缺容忍力，到现在他还处在"开除老板"的状态中，职场竞争力每况愈下。

对于孩子来说，正式进入社会之前的十几年时间，既是他们学习知识、掌握技能的生存力量储备期，又是参与社会竞争的预演和缓冲阶段。在这十几年里，孩子必须学会如何面对困境，变压力为动力，这是孩子成长的必修课。如果孩子没有一定的抗挫力，他们之后必然会为此付出代价，或者因为经不起社会的磨砺而惨遭淘汰，或者躲在父母羽翼下生活不能独立。

"直升机父母"会培养出"草莓族"

不少父母拼尽一切为孩子遮风挡雨，不让其受伤害。许多父母从孩子一出生就精心设计，生怕孩子磕着碰着、被人欺负；上学一路保驾护航，帮孩子挑选学校、挑选老师、挑选同伴；为了给孩子铺设坦途，甚至在孩子刚上大学就把工作都安排好了。所有人生发展的重要关卡，父母能帮的都帮到了，孩子这一生好像都不需要奋斗了。

这种过度保护孩子的父母被形象地称为"直升机父母"或"割草机父母"，前者犹如直升机，时刻在子女头顶盘旋，一看到孩子有需要，立刻替孩子出头；后者则一直赶在孩子前面，像割草机清除杂草一样，替他们扫清前进路上的一切障碍。在"直升机父母"和"割草机父母"的保护下，孩子的抗挫力非常差，变成了"草莓族"——像草莓一样，外表光鲜亮丽，但是无法承受一点压力，轻轻一压就破。这样的孩子走惯了平坦路，听惯了顺耳话，赢得起却输不起，成绩再好也没有用，因为他们意志品质不过硬，缺乏基本的竞争力。有些孩子因为没有机会对自己的行为负责，对人对己都没有责任心，像永远长不大一般，长此以往，很容易变成"啃老族"。

父母要退后一步爱孩子

即使父母再有本事，孩子的人生路依然要靠他们自己走。而且，未来生活充满未知，没有人能够预设孩子将来可能遇到的所有问题，没有人能够安排好孩子成长过程中的每一环。毫无抗挫力的孩子在遭遇考验之时，往往会把父母多年的精心养育毁于一旦。

挫折具有两面性，它可能是人生路上的绊脚石，也可能是前进途中的助推器；它既给孩子带来压力和打击，又锻炼了孩子的心理承受能力，激发其智慧和勇气——是好是坏，关键看对待挫折是什么态度。有的父母把孩子前进途中的障碍和挫折都扫除了，把本来属于孩子的锻炼心智的机会都拿走了。这样的孩子逆商普遍不高，随着年龄越来越大，其内心的弹性越来越差，而进入社会后，面临挫折的机会却越来越多，这时他们就会茫然无措，难以招架，有的甚至因为无法承受挫折感和失败感而绝望轻生。

所以，父母一定要学会退后一步爱孩子。有时候狠心的爱才是爱，有节制的爱才是爱，懂得延迟满足才是爱。超量满足，即时满足，不懂得挫折教育，将宠溺当作爱，反而会害了孩子。当孩子遇到挫折的时候，父母要用冷静的态度协助他分析自己的处境，用爱和鼓励支持孩子度过困境，让孩子明白挫折并不可怕，可怕的是丧失自信，只有对挫折有正确的态度，才可能重新站起来，越挫越勇。

遭遇挫折，是孩子"长根"的时候

生命中的磨难，孩子必须面对

　　有一个人无意间发现了一只蛹。几天后，他留意到，蛹上面出现了一个小孔，他凑上前仔细观察，看见一只蝴蝶正挣扎着从小孔中钻出来。蝴蝶好像尽了最大努力，但过了很久也没有任何进展。他决定帮它一把，便找来剪刀将小孔剪开，这样蝴蝶轻而易举就钻出来了。但是，这只蝴蝶的形态有一点特别：它身体臃肿，翅膀又细又弱。他继续观察着它，相信过一阵子，它的翅膀就会变大，身体就会变小，在空中优雅地飞起来。但这一幕没有发生，而且可能永远不会发生，蝴蝶的余生都只能托着这个大身体和细翅膀在地上爬行。

　　这个善良的人不了解，不经过从小孔挤出来这个艰难的过程，蝴蝶就不可能真正进化成一只可以自由飞舞的蝶。生命里的挣扎正是我们每个人成长必须面对的，如果老天允许我们顺利度过一生，也许我们根本体会不到超越自己和战胜困境的快乐，也无法领悟生命的真谛。

　　人生有浮有沉，有喜有忧，有成有败，挫折会让我们产生不愉快的情绪反应，但人生不如意者十之八九，孩子不可避免会遇到一些磕磕绊绊。只有让孩子忍受属于他自己的磨难，激励他勇敢面对困境，他才有可能突破重围，找到通往成功的路径。

　　有一句古话："十年树木，百年树人。"可见植树和育人有很多相似之处。

　　有两个人去一片荒漠上栽胡杨树，树苗成活后，第一个人非常勤劳，每隔几天就去浇水；第二个人则十分悠闲，树苗成活后他就很少管了，只有看到树叶全部干枯了才浇一点水。几年过去，第一个人的树林郁郁葱葱；第二人的树林长势明显差很多，有黄有绿，参差不齐。大家都夸第一个人勤劳，树养得好。但万万没想到，在一次沙漠风暴中，第一个人种的树苗全军覆没，第二个人的则安然无事。

　　原来，第一个人对树苗照顾得太过周到，树苗获得充分的水肥，根须不用扎多深就能满足生长需求，因此根基非常浅，大风一来自然无力抵抗。第二个人看似"不管"，却给树苗生长真正所需：在树苗成活之后，它们的根须自然会努力向下生长，汲取水分供养枝叶。如果一时找不到水分，它们会暂停生长，通过落叶等措施调节水分供需比例，把能量全部集中在根部，继续向更深处的地下扎根。等得到新的水分补给，枝叶才又开始

再长。如此，第二个人种的树全都扎根很深，枝叶发育的程度刚好是根部能保证营养的程度，这种生长才是健康又持续的。

第二个人的植树之道，不正是成熟的教育之道吗？父母应更注重让孩子"长根"，因为根深才能叶茂。孩子遇到挫折的时候，正是他们"长根"的时候，困境和痛苦会磨砺他们的意志，考验他们的信念，促使他们更深地思考。在看到孩子经受痛苦的时候，想马上帮孩子扫除障碍是每对父母的本能，但成熟的父母恰恰需要克服本能，用理智控制情感。

利用逆境培养孩子的理性思维

一个女孩在竞选班干部时被同学议论，因为她的妈妈是著名的企业家，所以，一看到她得票比较多时，几个同学忍不住嘲讽："你能当上班干部，就是因为你妈妈很有名。"女孩哭着向妈妈讲述这件事，妈妈听完，既没有气愤地去找老师，也没有太多地安慰女儿，而是很理性地分析了情况，让女儿自己去面对。她说："妈妈知道你很不开心，有三种方法可以解决这件事，你自己来决定吧：第一，你不当班干部了；第二，你如果感到很生气，可以和同学吵一架，看看能不能让他们改变态度，向你道歉；第三，你忍下这口气，好好做班干部，如果下一次竞选，大家还投你的票，就不会再有人说你什么了。"女孩想了半天回答："妈妈，我选第三种吧。"

这个妈妈没把女儿的痛苦当成自己的痛苦（很多父母看到孩子受

排挤，自己就先沉不住气了），没把女儿的压力揽在自己身上，而是让女儿自己面对。而且，她能够很客观地分析问题，向女儿传递了一种理性的思维方式，在面对挫折时，沮丧、伤心、愤慨都不能解决问题，只有冷静地思考才能帮助自己走出困境。我想，女孩如果再碰到类似的情况，她就知道怎么去面对，怎么找到最适合自己的解决途径了。

孩子的成长过程总有顺境和逆境，父母对此的态度十分重要。看见孩子跌倒，千万不要因为心疼就本能地去搀扶，帮孩子阻挡一些眼前的障碍，就是为他增添了今后的障碍，反而阻碍其正常成长。

父母左右不了孩子的命运，却可以教会孩子用积极的态度去面对生活，接受和正视成长路上的挫折，胜不骄败不馁，做一个赢得起也输得起的人。

同时，父母还可以培养孩子的逆向思维。很多时候如果"倒过来想想"，其实生活中没有那么多解决不了的问题和烦恼。

一个人借了朋友 5 万元钱，说好一年之后还。但一年到了，朋友连提也没提。更糟糕的是，借条找不到了！他急中生智，给朋友发了一条信息："一年前你向我借了 10 万元，现在我手头有点紧，急需钱用，你能尽快把钱还给我吗？"第二天，他就收到了朋友的回信："很感谢你借钱给我，我一定会及时还钱的。但是，我想你是不是记错了，当时你借给我的是 5 万元。"朋友还附了一份借据的照片。这时，他心满意足地笑了，他要的就是这个证明，有了借据，他就不用担心朋友不还钱了。

有一个大公司的董事长很不喜欢肥胖的下属。一次，他要去某个分公司视察，消息传来，急坏了这个分公司的经理。原来，这个经理是最近才被招进公司的，身材臃肿，他十分担心董事长看到自己的形象而不悦。他开始苦苦思考如何应对董事长的视察。董事长来公司那天，他特意穿上一件很宽大的衣服，并对董事长说："我已经意识到肥胖的害处了，不仅不利于健康，对工作也会有负面影响。我正在努力减肥，现在衣服已显得肥大了。"董事长听到这话，又看到他的衣服果然非常宽大，就鼓励他继续努力，减肥到底。这个经理就这样保住了自己的工作。

人们总习惯沿着事物发展的方向去思考问题，并寻求解决办法。其实，对于某些问题，尤其是一些棘手问题，倒过来思考，或许会使问题简单化。比如对孩子犯错的问题，有的父母认为"一次就是一百次"，严防死守，总提醒孩子不要再犯。殊不知，这对孩子的自尊心打击很大。如果父母用逆向思维思考一下，孩子经受了挫折，体验到犯错的后果，再犯错的概率其实相对较小。父母此刻不妨顺势引导孩子，帮助其在挫折中总结经验，这样孩子会更快成长，更有担当。

父母平时不妨多和孩子讨论学校里面的事情或一些社会问题，告诉孩子一件事情可以有很多种解释方法。这会让孩子看待问题时视角更多元，面对挫折时更加淡定和理性。如此，他们就不至于陷入挫败感带来的负面情绪，而是会主动思索，分析原因，这对孩子的成长会有极大的帮助。

孩子屡受挫折，需要调整期待值

不要成为孩子的压力源

前面讲了皮格马利翁效应，意思是：父母对孩子的积极期望，会让孩子朝父母期望的方向发展。但是，这种期望必须和孩子的实际结合起来，是一种方向性的引导，一种积极的心理暗示，而不是生硬的指令。否则，期望就会变成压力，而不是动力。很多父母非常明确地给孩子提出具体要求，比如要考多少分、拿第几名，这种目标往往会给孩子造成特别大的心理压力。父母的期望过高，甚至会让孩子心理失衡乃至崩溃。

有一个男孩，原本考上北京航空航天大学或北京理工大学毫无问题，但是母亲给他设定的目标是清华大学，认为他只要努力一把就能考上。他很不情愿，但拗不过母亲，最终将清华大学作为自己的第一志愿。然而，考试前他却因为心理压力太

大而崩溃，高考那天在一间地下室里躲了一天一夜。家人焦急
万分，报警寻找他。这个男孩过了好几年心理才恢复正常，却
说什么也不愿意念书了，母亲后悔不已，但为时晚矣。

这个让人心情沉重的例子，就是母亲盲目为孩子设定目标造成的。
父母可以协助孩子确立个人期望，但是期望必须合理。期望太高，挫败
太多，孩子就会对自己的能力产生怀疑，从而动摇其心理根基。最重要
的是，父母不要变成孩子的压力源，而应该和孩子站在一起，共同面对
他要达成的目标。这样，在面对压力和挫折时，孩子才不会感到形单影
只，才能产生更大的力量去克服困难。

协助孩子调整期望值

有的孩子对自己的要求比较高，学习就会比较努力；有的孩子对自
己要求偏低，学习就不太积极主动。但是，个人期望并非越高越好，有
时候"希望越大，失望越大"。孩子如果对自己的期望过高，超出了自
己的能力，往往就会因为无法达成目标而屡遭打击，产生挫败感，进而
丧失信心。

有的孩子过于执着，认为只要拼命努力，一切皆有可能。于是为自
己制定不切实际的学习目标，在盲目和冲动中付出汗水和泪水。由于急
于求成，他们采用的学习方法往往会存在很多不合理的地方，结果屡战
屡败。

如果发现孩子存在这种情况，父母要及时和孩子沟通，充分了解其
学习状况和困境，根据实际情况和他一起确立恰当的目标。制定目标时
要考虑三点：一是对孩子的学习基础有客观的了解；二是明确孩子目前

学习方法的优劣，适当进行调整；三是分阶段制定目标，循序渐进，稳步提高。

　　有一个男孩在高一的时候成绩非常好，而且他读的是市重点高中，将来很有希望考入一流高校。但天有不测风云，他刚进入高二就生了病，只能在家休养，而且一休就是半年。到了高二下学期，他可以上学了，自视甚高的他不想选择留级，希望直接进入原来的班级。父母不赞成他的决定，他们认为儿子大病初愈，现在这种情况，成绩多半会大幅滑落，最重要的是会打击他的信心。男孩没有听从父母的劝告，坚持直接进入高二，结果果然如父母所料，他一上课才发现自己很多听不懂，压力非常大。幸运的是父母已经帮他打过"预防针"，所以他把目标定得很低——能够跟上班级的学习进度即可。因为心态放松，他很快找到了学习状态，奋起直追，期末就考到了20多名（全班50名学生），到高三时学习状态已接近生病之前，最终考上一所非常不错的大学。

值得注意的是，孩子在临近大考时，往往精神高度紧张，心理也比较敏感，这时候大多数父母都不会再给孩子压力，而希望他们放松一下。可是，有时父母不经意的一句话，就容易给孩子传递不合适的心理期望，造成不良的影响。

有的父母想给孩子减压，让孩子宽心，就说："考不上爸爸妈妈也不怪你，明年我们重新复习。"孩子对这样的话是比较反感的，会认为自己还没有上考场，父母就先考虑明年的事，明显是对自己能力的否定。还有的父母"喊口号"："加油！爸爸妈妈等你凯旋！"这样的话会给孩子加重心理负担，使他们更紧张，平时成绩不好的孩子则心里更没了底气。"记住你的目标，成败在此一举！"这样的话过分强调考试在人生中的作用，除了让孩子心态更不稳定，没有任何积极作用。"你模考成绩都不错，老师说考清华、北大没有问题。"即使孩子真的有实力考上清华、北大，父母也不能这样说，这样势在必得的高期望，很可能影响孩子正常发挥。

父母在孩子的学习生活中虽然是"外力"，却是不可或缺的力量。成熟的父母不会制造压力，而是提供动力；不会取代孩子的位置，做他人生的船长，而会保持一定距离，做指引孩子安全行驶的灯塔。而目标就像坐标，在孩子的学习中起着举足轻重的作用。如果目标有问题，孩子就容易偏离方向，被打乱阵脚。这个时候，成熟的父母会给予孩子精神上的支持、情感上的慰藉，会冷静观察孩子的状态，清醒地帮助孩子认识到自己的思维误区，使孩子尽早摆脱困惑，重新驶向正确的航线。

✾

挫折教育培养意志力

挫折不是人为设置的障碍和磨难

　　很多父母都知道要培养孩子的抗挫力，但对挫折教育有认知误区。有人把挫折教育理解为"吃苦教育"，一到假期就把孩子送进"吃苦夏令营"。然而，从夏令营回来没几天，孩子就故态复萌，在家继续做"小皇帝"。因为父母觉得孩子受了苦，在补偿心理的驱使下反而更溺爱孩子。有人认为要在生活中多给孩子设置挫折，不能让孩子事事顺心，要逆着孩子的意愿。而努力理解孩子的意图，满足孩子合理的愿望，肯定孩子的成绩，反倒有悖挫折教育的原则。比如有一个父亲这样对不听话的孩子说："我现在就不能惯着你，否则将来到了社会上，你会不适应。"他认为给孩子增加困难和障碍，不夸奖孩子，就是对孩子进行挫折教育。还有人耸人听闻地说："某个孩子因为很小的事情自杀，就是挫折教育不够。"

　　这种简单的归因有失偏颇。极端到自杀的孩子，绝不是因为没有受过挫折教育，相反，往往是父母给他的压力太大，理解不够，把他压垮了。孩子不听话，绝大多数情况是因为亲子沟通存在障碍，是因为父母对孩子一厢情愿的爱不被孩子接受。如果父母以挫折教育为借口，面对孩子的不配合，就以一句斩钉截铁的"不惯着"堂而皇之地进行压制，那么，父母对孩子的平等、尊重从何谈起，家庭教育所需要的宽松环境又从何而来？

挫折应该是孩子正常成长过程中遇到的失败和逆境，而不是父母人为设置的障碍和磨难。挫折教育的目的是教会孩子如何面对挫折，化解压力，从负面事件中汲取经验，增强心理素质。挫折教育重点在于教育，而不是挫折，不在于孩子遇到了多少挫折，而在于父母怎么利用这些挫折让孩子成长。

爱和鼓励伴孩子走出困境

挫折教育的本质是培养孩子的意志力。一个人有多大的抗压能力，取决于他有怎样的意志品质，而不在于他经历了多大的磨难。所以，父母与其处心积虑让孩子体验挫折，不如给孩子充足而健康的爱，给孩子更多理解和鼓励，培育孩子的责任心、自信心和同理心，让他具备化解挫折、走出困境的精神力量。此外，父母还要与孩子一起，总结失败教训和成功经验，这样孩子的抗挫能力才能逐步增强。

有两个小孩在公园玩，一个孩子想玩另一个孩子的玩具，请求道："借给我玩玩好吗？"另一个答道："不。"第一个孩子请求被拒绝，产生挫折感。类似这种小挫折孩子几乎每天都会遇到，但每个人的反应和处理方法均不同。有的孩子会十分难堪，感到困窘，不知所措；有的不肯放弃，继续请求；有的先礼后兵，直接去抢，结果被大人阻拦，挫折感加重；有的则哇哇大哭，请求大人支援。

假设我们就是这个被拒绝的孩子的父母，当他不知所措，或者哭着请求支援时，我们应该怎样教育他呢？

第一种可能，我们不闻不问，在孩子面对困难时无动于衷，那么孩子除了体验挫折，什么也学不会，以后说不定就没有勇气再借小朋友的玩具了。

第二种可能，我们"不惯着"孩子："不要来让我帮你，自己去想办法！现在我管你，将来谁能管你啊！"这样的态度会让本就遭拒的孩子更无助，因为他等于遭到了两份拒绝，说不定以后他就不会向父母求援了。

第三种可能，我们耐心地听完孩子的请求，接纳孩子消极的情绪，鼓励他再去尝试一遍。即使再次被拒绝，结果也是不一样的。因为有了我们的支持和鼓励，孩子知道了正确的做法是什么，即面对挫折，一定不要放弃，而应该积极尝试。而且，孩子可以鼓足勇气再试一遍，本身就是克服心理障碍、提升抗挫力的结果。最重要的是，父母接纳孩子，能够陪在孩子身边，这对他是极大的安慰。他不会觉得是因为自己不好而被拒绝，更不会因为挫折就否定自己，这样他的心理就会很有弹性，觉得别人的拒绝是正常的，很快就能从不良情绪中走出来。

告诉孩子正确的情绪疏解方式

孩子也会心情不好，但大人常不以为意。有人会说："孩子就是孩子，吃穿不愁，会有什么情绪问题？"这是极其错误的观念。大人会为工作、感情、金钱、人际关系等事情烦忧，孩子也会被学业、友情和父母的关系等问题困扰。

大人受挫发火，我们觉得理所当然，孩子受挫生气，我们却常常觉得难以接受，有时还会叱责他们无理取闹。大人生气叫"发脾气"，孩子生气叫"耍脾气"，连用词都不同。但事实上，只要是正常人，无论年龄大小都会有情绪，孩子也有发脾气的权利。

当孩子受挫后心情不好时，父母如何对待孩子的坏心情，如何帮助孩子疏导情绪，如何教会孩子自己进行情绪管理，这些都是学问。父母绝不可滥用权威，强力压制孩子的情绪。家庭应该是孩子最放松的场所，应该是让孩子感到最舒心的地方。孩子在外面受了伤，回到家如果能向父母倾吐苦闷，能得到父母安抚，心情自然就能阴转晴，不至于积郁心中。

如果父母不能接受孩子有坏心情，要求孩子在家中也要戴上微笑平静的假面具，时间长了，孩子的负面情绪越积越多，那些不能被消化和承受的情绪就会演变成心理问题，这是很危险的。

所以，父母首先要接纳孩子的情绪，善于倾听孩子。倾听是帮助孩子疏导情绪最有效的方式。当孩子开始大倒苦水，诉说苦闷时，父母千万别急着打断，也别急着支招和提建议，一定要让他先把"垃圾"倒掉。

一般情况下，孩子倾诉完，自己就能找到解决方案。如果实在需要帮助，父母可以提几个建议，让他自己判断和选择；或者用"如果是我，我会怎样做……"来给孩子一些启发，切不可直接替孩子拿主意。有的孩子脾气大，受挫后不能很好地控制自己的情绪，可能会出现毁坏东西的行为。这时，父母要告诉孩子如何管理自己的情绪，不能因为心疼孩子就放任不管。否则，今天是摔坏家中几个杯子，明天就会毁坏别人的东西或攻击他人出气。父母要告诫孩子一定要控制自己的行为，通过运动、听音乐、唱歌等有益的方式，把不满和积郁宣泄掉。

孩子围着父母说这说那，这是一种幸福。你千万别嫌烦，现在你不愿倾听，以后你就算求孩子讲，他也不一定会讲。父母是解决孩子情绪问题的枢纽。经常有机会倾吐心中委屈的孩子，心中将有更多的空间可以容纳挫折；经常感受到支持与关怀的孩子，将有更多的勇气和力量去面对更大的挑战与困难。

提升抗挫力的关键是恢复自信

父母还要注重保护孩子的自尊心，想办法让他恢复自信，比如通过放大孩子的其他优点，转移他对自身失败的关注，使其逐渐减轻并克服消极的挫折心理。

　　一个女孩在中考中失利，进了一所普通中学。她为此很受打击，也失去了自信心，学习成绩持续下滑，甚至排到了班级倒数几名。如何让孩子走出自卑的阴影，重拾信心，成为父亲心中最忧虑的事。这时候劝说显得苍白无力，空洞的鼓励也无济于事。有一天，父亲偶然看到女儿过去写的作文和她在报刊上发表的文章，他突发奇想：作文是女儿的强项，何不帮女儿出版一本文集呢？

　　听了父亲的建议，女孩连连摇头，她不相信自己有这样的能力。但父亲鼓励她：“我在你这么大时，绝对写不出这么好的文章！”女孩被父亲的热情打动，开始在父亲的指导下整理文章。父亲还发挥自己身为教师的优势，在女儿每篇文章后面写上点评，又在前面加上序言。最后，文集出版了，女孩将文集送给同学、亲友和老师们。

从大家的感谢和赞扬声中，女孩逐渐恢复了自信，阳光般的笑容又绽放在她的脸上。她的成绩也开始稳步上升。

父亲通过放大女儿的优势和闪光点，帮她找回了自信。人的韧性从哪里来？就源于对自己的信心。面对孩子的失败，父母不要一味埋怨和责备，这只会加重孩子的挫败感。一个人要东山再起，靠的是自己的内在力量，而父母的爱就是滋养孩子内在精神世界最好的营养。只有被父母充分关怀、人格健全的孩子，才拥有战胜困境的能量。

有爱好相伴，
孩子的人生不寂寞

兴趣和爱好可以影响一个人的生活方式
和思维方式，丰富他的社交生活，提升
他的幸福感。父母要支持孩子有正当的
兴趣爱好。

父母爱得长远，孩子幸福度高

兴趣爱好陪伴孩子一生

父母怎样做，才是真的爱孩子呢？这个问题的答案太多了，但我想有一个答案肯定能得到大多数父母的认同，那就是：要为孩子的长远幸福考虑。父母无论是重视孩子的学习，还是重视孩子的健康，无非都是希望孩子平安幸福地度过一生。

孩子的人生有很多事情不是父母能把握的，尤其当孩子独立或成家以后，他们的世界难免会离我们越来越远。他们的人生不可避免地会遇到坎坷甚至痛苦。而将来，他们也会迎来老年。世界多变幻，生活不容易，人生必须有些兴趣爱好，才能在独处时不无聊，痛苦时不绝望，年老时不寂寞。

　　有一个叫比尔的汽车配件销售员，他的工作是给客人推销汽车配件。这是一份相当琐碎的工作，因为汽车配件非常多，每种配件都要从功能、颜色、款式、型号几个方面去考虑，他常常要帮助客户从几百甚至上千种配件中做出选择。

比尔的另一个身份是拍摄冲浪的摄影师。他从这个爱好中找到了充分的满足感和兴奋感，平衡了他销售汽车配件的单调乏味；在摄影中实现的创造性，使他在正式工作中富有耐心，而且乐于助人。

著名教育家肯·罗宾逊说："即使是在精疲力竭的时候，我们所热爱的活动也会让我们充满能量；而那些我们不热爱的活动，即使在身体状态最好的时候去做，也会在几分钟之内让我们筋疲力尽。"

所以，兴趣爱好对一个人来说是非常重要的。父母不能陪伴孩子一辈子，却能培养陪伴孩子一生的兴趣爱好，帮孩子塑造良好的生活方式。无论孩子将来碰到顺境还是逆境，兴趣爱好都能给他们带来安慰和欢乐，振作他们的精神，促进他们的身心健康。

兴趣爱好增强孩子的幸福度

兴趣爱好影响一个人的生活方式和思维方式，丰富他的社交生活，提升他的幸福程度。一个人兴趣爱好越多，他的人生支点更稳，思维方式越趋于灵活。更重要的是，因为情感和精神与更多事物联结，他们生活的幸福感更强，幸福指数更高。

每个人兴趣爱好的形成，一般都能追溯到童年和少年时期。有的孩子从小就有很明显的兴趣，父母应该及时保护和培养，将它们固定、发展，使其成为陪孩子一生的精神寄托。有的孩子似乎对什么都不感兴趣，这样就需要父母适当地引导。比如父母自己有哪些兴趣爱好，可以鼓励孩子参与进来；或者带孩子参加一些兴趣小组，让他们开阔眼界。

我们小区里住着一位会吹笛子的老人，很多邻居都不知道他姓甚名谁，但一提起那美妙的笛声，无不啧啧叹服。在炎炎盛夏里，他每日傍晚坐在树下吹笛子，笛声悠扬，如夜莺在月色中初鸣，把周围所有人的心都安抚了。再看他，一副浑然忘我的神情，有如孩子般的专注和陶醉。

后来，一个和他非常熟识的邻居告诉我，这位老人是退休工人，从小就和热爱音乐的父亲学吹笛子。他的学业因故中断，一支竹笛成了他的精神寄托，几十年来他吹得炉火纯青。他的老伴十年前就过世了，但他精神和身体都很好，笛子在他高品质的晚年生活发挥了至关重要的作用。

由此，我们看到，兴趣爱好有如人生伴侣般重要。兴趣爱好陪伴孩子的时间，往往超出父母、伴侣陪伴的时间。有兴趣爱好陪伴，孩子的人生才不会寂寞。各种兴趣爱好，只要是正当的、孩子感兴趣的，父母都应该支持。而且，孩子的兴趣爱好最好在亲子共享的过程中培养。愿父母为了孩子的长远考虑，都能丰富自己的业余生活，形成健康的生活方式。

阅读丰富孩子的精神世界

爱阅读的孩子能把自己"教育"好

总有父母问我："到底应该培养孩子哪些兴趣爱好？"兴趣爱好的范围太广了，种类太多了，到底哪一个好呢？培养孩子的兴趣爱好有一个原则：符合孩子天性的就好，尊重孩子意愿的就好，父母不急功近利就好。但是，我在这里要着重强调一个爱好——阅读！阅读既是一种爱好，又可以帮助孩子练就成事的能力。它看似平常，却是构筑孩子精神世界最重要的活动之一。阅读可以使孩子更具智慧，更加了解自我、了解人性、了解所处的世界。

阅读到底重要到什么程度呢？简单地说，要判断一个人是怎样的人，看他读的书和身边的朋友几乎就知道了，因为，一个人的精神发育史就是他的阅读史。一个精神世界丰富的人，一定是大量阅读的人。

"读史使人明智，读诗使人灵秀，数学使人周密，科学使人深刻，伦理使人庄重，逻辑、修辞使人善辩：凡有所学，皆成性格。"父母要慎重对待阅读这件事，让孩子广读书，读好书，在家中创造浓浓的书香气，熏陶孩子的书卷气，培养孩子的阅读习惯。养成阅读习惯的人一辈子不寂寞，因为书是益友，是知己，是深入人心的慰藉。

经常读好书的孩子是学不坏的，"忠厚传家久，诗书继世长"，他们从书中就会悟出为人处世的道理。孩子如果养成了阅读的习惯，就具备了自我教育的能力。

父母应该是孩子读书的引路人。阅读越早越好。不少学者倡导父母在孩子 18 个月时即可开始为孩子朗读。儿童文学作家格雷厄姆·格林说："或许只有童年读的书，才会对人生产生深刻的影响。"科学研究发现，5 岁以前经常听父母讲故事的孩子，阅读技巧更趋完善；而 3 岁左右能阅读简单书籍的孩子，终其一生都会有读书欲。

14 岁之前的阅读体验最为重要，这是因为，我们的大脑并没有专门的阅读区域，要完成阅读这项工作，需要大脑中好几个"部门"协同运转才能实现。过了 14 岁才开始训练它们"合作"，不仅比较难实现，而且因为已经错过孩子人格形成的关键期，阅读的教育作用也会打折扣。

　　某位作家对女儿阅读的重视程度远大于功课和成绩。她说："如果我看到女儿在看课外书，我只要觉得她做的那件事情是比功课有意思的，就连'你今天功课写完了没有'都不会问。我问不出口，所以我也要付出代价，就是她的功课会很差，对此我要有心理准备，要有取舍。我很坚定这样一个信念：学校里的教育总有毕业的时候。可是好的阅读习惯，是可以跟女儿到老的，我觉得很值得。

　　"当然，在这个过程中，我会听到其他父母说孩子在学校里功课如何好，但她的功课就是勉勉强强的，我总会给她支

持，让她坚持做有意思的事。相反，如果女儿只在看教科书，我会说：'就看那几本书，我看你将来怎么办？'

"但是，女儿在初三的时候，看到大家都在冲，她觉得自己也要努力一下。当她回头认真学习时，觉得教科书容易得不得了，因为大量阅读远远比教科书难得多，所以她冲刺起来非常轻松。

"培养孩子的阅读习惯一定要早。我看过很多父母，让孩子所有的时间都被学习填得满满的，孩子哪有时间读课外书？甚至还有父母觉得课外书与教科书互相冲突，阅读占掉了学习的时间。而一旦孩子掉进升学的节奏里，父母就很难要求孩子说'你晚上 10 点再来读点儿马尔克斯吧'，这怎么可能呢？"

这位作家对阅读的理解比较深刻，对成绩和功课的洒脱态度也不是所有父母都能接受和效仿的。但毋庸置疑，阅读对于她女儿的积极影响是显而易见的。阅读使她有较为丰富的课外知识，使她拥有超出多数同龄人的理解力。这是因为，大量阅读可以增加大脑的神经连接，使人更容易触类旁通，思维能力更强，学习本领更强。所以，越早养成阅读习惯越好，不要错过了孩子的阅读黄金期；阅读越广博越好，孩子饱览群书，勤于思考，早晚会显示出底蕴深厚的优势。

阅读，首先是"悦读"

关注孩子的精神成长

心理学家威廉·詹姆斯说："我们不仅仅要关注孩子的衣食冷暖，更要关注孩子的精神成长，使他们对周围世界的好奇心得到满足。而阅读，无疑是最有效的途径之一，能带领孩子直达最美丽的世界，看到最美丽的心灵！"

孩子对阅读有着天然的兴趣，哪个孩子小时候不缠着妈妈讲故事，哪个孩子对童话无动于衷呢？但是，如果父母没能培养孩子的阅读习惯，孩子从未通过阅读体验到快乐和成就感，那么，在电视和其他电子产品的"强势侵略"下，孩子的阅读兴趣往往还未得到稳固便被眼花缭乱的屏幕蒙蔽了。

要让孩子少看电视，少玩手机，父母首先要管住自己：尽量少看电视甚至不看电视，尽量不在孩子面前玩手机。要让孩子爱上阅读，父母自己先要捧起书来读，给孩子做榜样。如果父母仅是把孩子关进房间，夫妻两个在客厅看电视看个没完，那培养孩子的阅读兴趣就变成了一句空话。

关注孩子的精神世界，培养孩子的阅读习惯，前提是诱导孩子的阅读兴趣。父母要循序渐进、循循善诱，要投其所好而不能硬来。阅读本身是一件十分有趣的事情，父母不用百般提醒，只需关上电视，收起手机，让家中恢复宁静；带着孩子多去书店逛逛；没事的时候自己也挑一本心爱的书来读，和孩子交流讨论……相信孩子最终会爱上阅读，有一天会对书爱不释手。

给孩子创造有书的环境

父母应尽可能给孩子创造有书的环境，不仅家中要有好书，还要经常带孩子去图书馆、书店。

有一位母亲是钢琴班的老师，她的课程一般都安排在放学后，因此，儿子放学之后，她很少能有时间陪伴他。于是，她让儿子在她上课地点旁边的书店里等她，她上多久的课，孩子就要在里面看多久的书。一天，学生提出的一个问题把她难倒了，"蝉不是在树上吗，为什么幼虫会在地下？"她答不上来，就回家问丈夫，丈夫也不知道答案。没想到才念小学二年级的儿子立刻接话："蝉把卵产在树枝上，卵孵出的幼虫会钻到地下，吸食树根的汁水维持生命……"

儿子头头是道地给父母"上了一课"，夫妻两个听得瞠目结舌。她连忙问儿子："你才二年级，怎么看得懂这么多内容？"儿子说："很多字不认识，但有拼音有图嘛！"

这个故事说明了环境对培养孩子阅读兴趣的重要性。想一想，如果这位母亲不是让孩子在书店等她，而是把他送去游戏厅，那他如何能成为家庭的"小百科"呢？

引导孩子阅读应"投其所好"

引导小学生的阅读兴趣还比较容易，而超过 14 岁的孩子，既错过了培养阅读习惯的关键期，又进入了青春期，难以接受父母意见，这时候父母就要费一番功夫了。

一个初中男孩非常叛逆，经常和父母顶撞，放学后也不喜欢回家，总和一些爱打架的男孩一起玩。父母担心他在外面惹是生非，给他买了一只哈士奇。这可把男孩高兴坏了！他从小就希望能拥有一只狗，一直央求父亲给他买，但因为嫌麻烦，父母一直不答应。现在父亲想用养狗这件事"拴住"儿子，减少他往外跑的机会。

果然，男孩每天放学后就飞奔回家，先把小狗喂得饱饱的，再带它到楼下草地撒欢，写作业时还忍不住逗逗小狗。儿子的变化父母看在眼里，喜在心上。没想到仅过了两天，小狗就打蔫儿了，不吃不喝，父子二人连夜把狗送去宠物医院。原来，哈士奇幼犬对喂养条件要求非常高，男孩给狗喂错了东西。第二天，父亲送给儿子一本专业的养狗书籍。

这本书为男孩打开了一个崭新又开阔的世界。不出几天，他就把书看完了，感觉意犹未尽，请求父母再给他买书。这是他生平第一次要求主动买书，父母既喜又忧，喜的是儿子终于看得进书了，忧的是他的学习受到影响。但不管怎样，他们不忍扑灭儿子的求知热情，接连买了几本养狗者必看的经典读物给他。这些书既涉及进化等生物知识，又有地理、各国文化等趣闻，还有人与狗之间的故事。男孩被深深吸引了，竟由此爱上了阅读，渐渐对其他书籍也有了兴趣。

半年后，男孩的作文破天荒得了"优"，老师表扬男孩的文字表达能力提高了，文章有了真情实感。父母开心极了，男孩也由这半年的经历了解到父母的苦心，亲子危机化解了，他还意外收获了阅读这个珍贵的爱好，从此进入自主学习的快车道。

所以，阅读首先应是"悦读"。智慧是相通的，知识之间也是触类旁通、相互启发的。父母要帮助孩子找到感兴趣的领域，并在此领域中挑选最经典的书籍，巧妙地将孩子领进书的宝库。

亲子共读，给孩子看世界的方式

"我有一位读书给我听的妈妈"

没有父母不希望孩子见多识广、学问渊博，特别是在这个信息爆炸的时代；没有父母不希望孩子能有机会去看看外面的世界，领略世界各地多种文化的风采。其实，这一切并不需要很有钱才能实现。父母和孩子促膝而坐，翻开书页，现在就可以。亲子共读能够拉近父母和孩子之间的距离，在所有家庭生活内容中，这是最让孩子感到幸福的时刻。正如这首诗写的一样："你或许拥有无限的财富，一箱箱的珠宝与一柜柜的黄金，但你永远不会比我富有，我有一位读书给我听的妈妈……"

阅读是一种看世界的方式，它让孩子不仅仅生活在现实世界，还能带领孩子发现一个完全不一样的世界，探索常人不能到达的高山险峰、远古文明。在阅读中，孩子的想象力会搭乘文字的翅膀翱翔远游。

孩子爱上阅读，就会萌生出"探索更广阔的世界、探触更深邃的智慧"等想法，这想法就像一颗有自驱力的种子，驱使孩子不断努力汲取知识，通过自我教育，在未来某一天实现儿时的梦想。

亲子共读能解决许多教育问题

亲子共读被不少人视为"家庭教育成功的密码"，有人甚至说："如果让孩子生活在有丰富图书的环境中，如果每天父母都读好书给孩子听，几乎所有教育问题都可以得到解决。"

在孩子未成年时，父母做的最有益的事之一，就是多给孩子读书、讲故事。亲子共读是最能促进孩子智商和情商发育，促进亲子感情的途径，是家庭中最经济、最实惠、投资回报率最高的一项教育投资。

但是，有多少父母能经常给孩子讲故事呢？我问过很多人，他们不是说"太忙顾不上"，就是说"孩子将来会自己看"。不注重亲子共读的父母不在少数。

很多父母误认为，孩子应该先认字（这种误解也促进了幼儿园小学化的趋势），等认识了足够多的字，孩子自己就能读懂书了，家长何必浪费时间和精力"陪读"呢？学过英语的朋友都知道，如果通过阅读文章记忆单词，常常记得又快又牢。如果文字在孩子头脑中不能与事物发生联系，就失去了可以理解的意义。对文字绝不能机械、孤立地记忆，这样又枯燥又费力。孩子小时候是把文字当作画面来认识的，父母反复给孩子讲故事，孩子就能通过故事来学习、理解、记忆文字，这才是正确的识字方法。即"通过亲子共读，在充满兴趣和意义的阅读中，孩子识字是自然而然习得的本领"。

所以，父母一定要在孩子不认字的时候（最早在孩子 18 个月左右）就开始亲子共读，并一直坚持到他们具有独立阅读经典文学的兴趣和能力为止。亲子共读不限形式：有些书，父母给孩子讲；有些书，父母和孩子一起看；有些书，孩子可以通过描述图画，给父母讲；有些书，父母、孩子还可以通过戏剧的形式一起表演。

值得注意的是，孩子越小，越可能让父母反复讲同一个故事。这是非常正常的，父母千万不要厌烦，因为孩子就是通过反复阅读来理解、记忆和学习的。不知不觉间，孩子的理解力就会突飞猛进。这些早期的阅读经验对孩子的成长非常重要，这是孩子构建内心完整世界的营养根基。

通过亲子共读，父母与孩子可以一起感受和体验那些故事的情境，在精神上实现交流，在心灵上产生相通的感觉。它不仅能让孩子的精神和心灵得到成长，更能使亲子关系变得融洽，家庭氛围更加温暖。借助书这一载体，父母的童心被唤醒，并与孩子的童年发生共鸣。所以，亲子共读，获得幸福的不仅仅是孩子，还有父母自己。

运动释放孩子的天性

运动对青少年的生长发育尤为关键

人的身体在不同阶段对运动量的需求是不同的。青少年时期要求运动量最大，这是运动的关键期，也是为身体打好基础的时候。在这一时期多做运动，人的心肺功能将大大增强，身体发育加速，抵抗疾病的能力增强，身体状况会更佳。

钟南山院士说："人生命的能量，必须依靠运动来提供。无论步行、慢跑、游泳、骑自行车、打太极拳、跳健身舞、做韵律操，都能达到有氧运动的目的……饭要天天吃，锻炼也一样，人每天都要抽时间运动，这是保持健康的关键。"他曾经做过一个生动的比喻："工作就像一个皮球，掉下去会再弹起来；健康就像一个空心玻璃球，掉下去就粉碎了！"

运动对身体的重要性显而易见，有的父母却对此视而不见，认为体育不过是跑跑跳跳，远不及数学、语文等"主科"重要。殊不知，身体锻炼的关键期一去不返，好身体是胜任任何工作的前提，是生存和生活的基础。有健康的体魄，孩子才有未来，为了多学点知识挤压运动的时间，实在得不偿失。

有的父母唯恐自己的孩子醉心于运动，变得"头脑简单，四肢发达"。事实上，"四肢发达"的孩子头脑有可能更聪明。比如，姚明的成功不仅依赖于他的身体条件和篮球天赋，还和他在球场上出色的策略和指挥能力密不可分。根据美国著名智商研究网站的测试，姚明的智商高达 132。

研究证明，在 2~5 岁的儿童中，爱玩爱动的孩子相比安静的孩子，脑容量至少大 30%。因为，在玩耍、运动的过程中，大脑会参与到多个活动中，如掌握平衡、协调心理、处理问题等。此外，玩耍和运动也有助于提高孩子识别物体的能力、语言表达能力和想象创造力，还能消除心理压力和恐惧感等。

人在运动时，身体会加速产生多巴胺、血清素和去甲肾上腺素，这三种物质都和提升学习能力相关。多巴胺使人感到快乐，血清素也有助于调节情绪。因此，运动后的人常感到神清气爽，学习效率会大大提高。去甲肾上腺素能增加记忆力，提高专注力，有利于学习。适量运动过后，孩子不仅不会心浮气躁，反而能心神安定，专心学习。

所以，父母要消除对运动的误解。适度的运动不会浪费时间和体力，正相反，它给学习提供动力，是学习能力的加速器。运动不仅使孩子浑身是劲儿，能够精力充沛地投入学习；还会创造更适合学习的心理状态，提高学习效率。父母要鼓励孩子每天做运动，让孩子学得更开心、更专注，学习效果更好。

不能剥夺孩子的运动乐趣

有些孩子对学习就是"不上道"，在教室里无精打采，像霜打了的茄子，可一跑到操场上就撒欢。这样的孩子还没有体会到学习的乐趣，又没找到适合的学习方法，学习对他们来说不是享受，倒像受罪。父母往往不能换位思考，理解不了孩子的苦衷，反倒一个劲儿埋怨孩子不用功、不争气。

想想看，孩子的心境何等无助：面对提不起兴趣的事情，也要一天十几个小时"把板凳坐穿"，考不好还要挨骂受罚。时间长了，好人也要憋出病来。

对这样的孩子，父母万不可剥夺他唯一的乐趣——运动。运动是最有效、最没有副作用、最易于持久的缓解心理压力的方法。对孩子来说，运动是获得快乐和自信的来源，能够释放他心中的压力，帮助排解沮丧、郁闷等不良情绪。如果孩子学不进去，与其让他对着书本发呆叹气，不如建议他出去透透气，到外面跑两圈，把负能量释放掉。情绪变好了，才有可能学进去。

运动是必不可少的意志教育

教育家卢梭说："身体虚弱，它将永远培养不出有活力的灵魂和智慧。"运动能锻炼人的心理素质，体育精神赋予人一种豪迈、大气的态度。常年在运动场上挥洒汗水的人都知道，"胜败乃兵家常事"，不会对输赢耿耿于怀，失败了也能重新站起来。成熟的父母会鼓励孩子多运动，通过运动锻炼心智，这对孩子的一生都大有裨益。

　　我有一个打橄榄球的朋友，他的家庭条件不太好，只能负担他一个人读大学。因为担心弟弟在家乡消沉堕落，他把弟弟接到身边照顾，还给弟弟找了一份工作。这对一个在读的大学生来说非常不易。毕业后，他先做记者，又去经商，一路坎坷艰辛，最终创立了自己的公司，生意十分成功。他告诉我，在那些艰苦的岁月，是橄榄球的拼搏精神支撑他渡过难关，因为它需要具有压倒一切的精神。向前，向前，再向前！进攻，进攻，再进攻！不顾一切向前冲，就没有什么东西可以阻挡你！朋友说，以他的起点和资历，要想在北京立足，必须拼尽全力，正是橄榄球的进攻哲学给了他力量，使他面对困难勇于冒险，毫不退缩。

　　一般来说，父母喜欢运动，孩子也会爱上运动。我特别热爱运动，一有时间就会锻炼身体。在三个孩子小时候，我和我先生经常带他们去公园打球、爬山。所以，几个孩子从小就喜欢运动，运动已经成为他们固定的生活内容。比如，元元喜欢练瑜伽，每周都要做好几次，周末还和丈夫去打网球。她的身体非常好，精力也很充沛，一个人同时带两个孩子，仍应付自如。平平每周要去健身房锻炼四五次，非常自律，即使再忙也不会缩短锻炼时间。

　　运动是孩子成长过程中极为重要的一环，它是孩子理解生命、体验生命的最好方式之一，能使孩子的身体和精神都趋于强健。在运动中，孩子能获得快乐、自信，释放压力，意志力会变得强大，心智会更加健全。为了学习剥夺孩子运动权利的父母，是短视的。

还给孩子一个轻松假期

不要让假期成为"第三学期"

休耕轮作才能提高粮食产量。同理，大脑和身体也要有调整和喘息的机会。假期是用来休养生息、养精蓄锐的。学生没有不盼望放假的，因为紧张劳累了一个学期，终于可以放松一下，做些自己喜欢的事情，享受一段无拘无束的日子了。但现在多数孩子的假期早已失去了休息的作用，被一大堆作业和兴趣班填满，假期简直成了"第三学期"，让孩子们苦不堪言。

不少父母都有竞争心态，生怕别人的孩子在假期用功，超过自己的孩子。有的父母甚至让孩子超前学习，目的是让孩子取得心理优势，新学期先发制人。结果等到开学，孩子上课发现都学过了，就不再认真听讲，反而导致学习效率下降。有些父母也心疼孩子，却把责任推到他人身上："有什么办法呢，别人都在学习，我也知道很盲目，但确实无奈啊！"

假期提前学习的效果并不一定好，父母却趋之若鹜，这是很典型的"从众"行为。父母不从自己孩子的实际需求出发，不尊重孩子本人的学习意愿，其实都是为了自己获得心理安慰，而不是真正为了孩子。父母承受不了心理压力，却把负担转移到孩子肩上，这样不仅不成熟，而且很软弱。

教给孩子"张弛之道"

学习好的孩子，往往懂得劳逸结合。孩子明白"张弛之道"，才会懂得时间是需要管理的。

孩子学习和大人工作是一个道理，想学得好，搞疲劳战术是达不到目的的。该干什么的时候就得干什么，要制订合理的计划，讲究效率，善用方法。该学的时候认真学，该玩的时候也不能含糊，只有身心放空，扩大"内存"，头脑才能装进新东西。

所以，父母应该把假期还给孩子，巧妙利用这段休息时间，让孩子真正地深入生活，回归自然。孩子就像树木，越长大越会向四面八方伸展，他们需要更宽广的空间、更丰富的精神营养。

儿时的假期，因为有父母陪伴，常能让人回味一生。那些亲子关系紧张的父母，更不能违背孩子心意，执意在假期给他们更多学习任务。多创造和孩子待在一起的机会，让两代人的距离贴近，让孩子消除对父母的误解、敞开心扉，这才是真正有助于孩子成长、学习的家庭教育。

教孩子从生活中学习

教育要立足于培养孩子各方面的能力。孩子在未来生活中用到的知识，有很多是课本上没有的，父母要懂得引导孩子从生活中学习。

有一个"酷妈"，她的儿子高一暑假就一个人随团去新疆旅行了。而和他同龄的男孩，有一些人还不会洗自己的袜子。

这位"酷妈"在儿子刚满 1 岁时就带着他到处旅行，有时还和朋友一起随旅行团出国旅行。家里老人劝她："孩子那么小，还在吃奶呢，又没有记忆，带着多累人啊！"但是她不这样看："孩子不记事，却有体验，他每次看到美丽震撼的自然景象，都会露出惊讶和沉醉其中的表情。比如儿子 2 岁时第一次见到草原，面对苍茫无边的夕阳草地，他的神态就像大人般成熟沉静，久久思索。"

因为旅行，她的儿子在上幼儿园时自理能力、适应能力、观察能力就非常强。经常旅行，见多识广，他面对陌生人时从不害羞，不卑不亢，即使是遇到外国人也能用比画加中文聊上半天，十分惹人喜爱。

上学之后，每年寒暑假，这个"酷妈"都会带儿子出去旅行。在他们的行李箱中，总有一本旅行指南，碰到什么问题，她都让儿子翻查。不知不觉间，儿子的识字量和知识量大幅增加，他还了解到很多地理、历史、建筑、民俗知识。每到一个地方，她都会提醒儿子先去观察这个城市的特点。现在，在她们走过的 30 多个地方中，随便说出一个地名，这个男孩都能对当地特色如数家珍。而诸如换登机牌、问路等小事，一概是儿子负责的，这让他学会了和陌生人交流。旅行不仅锻炼了他的体质和意志品质，还促进了亲子感情。有一次，他们去哈尔滨，天寒地冻中母子两个都感冒了，他没怨天怨地，反而自告奋勇去买药，还知道帮妈妈提东西，安慰妈妈不要心急。

　　现在，这个男孩的眼界非常开阔，考虑问题也常有独到的观点。他是班长，是体育课代表，和老师、同学的关系都不错。对于他的独立旅行，母亲非常放心："孩子早晚要长大，当他知道如何面对陌生的世界时，他就已经具备了足够的智慧和勇气。"

这位母亲有十足的智慧和勇气。这即是我所说的，成才孩子的背后，总有成熟和明智的父母。

成才路上
不可少的财商教育

父母只给孩子财富是没有意义的，如果没
有给孩子足够处理财富的能力，再满的口
袋早晚有一天也会空掉。

给孩子财富，不如培养孩子财商

财商影响孩子未来的生存能力

没有人会否认财商的重要。但是，鲜有父母重视孩子的财商培养，甚至刻意避免正面和孩子谈钱。问其原因，一是怕孩子掉进"钱眼儿"里；二是认为这种能力日后培养也不迟，孩子在上学时，还是应该以学习为主。其实，我们的生活处处离不开钱，这个问题是很难绕过去的，父母应及早正视它。每个孩子将来都是社会人，财商影响孩子进入社会后的生存能力。父母不对孩子进行正确的财商教育，便错失了一个好的教育机会，就无法给孩子树立正确的金钱观念。

财商是什么？它是指一个人创造财富的能力。强化财商是为了提高孩子的理财能力。财商教育包括两方面能力的培养：一是金钱观念，正确认识金钱和金钱流通的规律；二是投资理财的能力，按照规律正确使用金钱的能力。

孩子的财商大多依靠后天培养，而且没有固定教材，就是父母从家庭生活中一点一滴教授的。父母需要告诉孩子钱从哪里来，教孩子认识钱。在高中毕业前，孩子应具备一定的理财能力，包括合理消费；学会存钱，有自己的存折；参与家庭的财务开支，了解一些金融工具等。

理财能力要从小培养

要从小培养孩子的理财能力，帮助孩子掌握命运。

有一个"大富翁"游戏，这个游戏模拟现实社会经济场景，设有买卖、投资、消费等活动，父母跟孩子一起玩这个游戏，可以加深孩子对钱的认识，引导他们入门理财。

在孩子三四岁刚刚有"数"的概念的时候，父母就可以教他认识不同金额的钱币，告诉他金钱与购买之间的关系。父母可以告诉孩子："除了阳光和空气是大自然赐予的，其他一切都要通过劳动获得。"还可以帮孩子开一个银行账户，存入他的零用钱。

财商教育既是人格教育，又是素质教育，能让孩子养成量入为出的习惯，建立正确的消费观和金钱观。有的孩子花钱如流水，还喜欢攀比，完全不体谅父母赚钱的辛苦。父母要在孩子小的时候，就教他们合理、有度地支配零用钱，这样他们才不会形成任意挥霍、入不敷出的消费习惯。富裕的生活本身有益无害，但金钱是一把双刃剑，如果缺乏完善、正确的价值观指导，就可能对孩子产生负面的影响。

新泽西银行的创始人法尔瓦诺在他的独子8岁时，就教他如何管理自己的大学教育基金。当孩子15岁时，法尔瓦诺不幸去世。但幸运的是，"父亲教给我很多规律与法则"，小法尔瓦诺说。从那时起，他就开始独立处理家族的财务事宜。

与此相对，伦敦金融圈有一个广为人知的反面案例：一个十几岁的男孩得到了父亲高达几十亿英镑的家产，因为不善打理，又有很多不良嗜好，最后竟穷困潦倒，横死街头。

　　"授人以鱼，不如授人以渔。"父母只给孩子财富是没有意义的，如果没有给孩子足够处理财富的能力，再满的口袋早晚有一天也会空掉，"不怕口袋空空，只怕脑袋空空"。

父母给零用钱的学问

乱给零用钱会助长孩子乱消费

零用钱是父母培养孩子合理消费、延迟满足的重要教育手段，但在大多数家庭里，零用钱很难发挥它的积极作用。这是因为，很多父母给零用钱太随意：孩子一要，父母就会给，导致孩子对花钱毫无概念，反而助长了他们乱花钱的习惯。

父母给孩子的零用钱一般包括以下几种：一是学习成绩达标后的"奖金"；二是帮父母买东西找回的零钱（现在这种情况可能比较少）；三是平时固定给孩子的零用钱；四是亲戚朋友给的，特别是过年时的压岁钱；五是帮助父母做家务的收入。

对于前两种零用钱的来源，我是比较反对的。用金钱和物质激励孩子学习，这是错误的教育方法，既不能让孩子爱上学习，也不利于孩子正确理解金钱的作用，只能将孩子变成"财迷"，促使他们一切"向钱看"。学习的驱动力应来自兴趣、爱好和孩子心中的梦想。如果孩子把钱当作目标，他们的价值观可能会被扭曲。

父母让孩子买东西，应让他归还找的零钱。如果因为数目小就给了孩子，孩子对此习惯了，就会把找零当成自己的收入。以后父母再收回，他会认为这侵犯了自己的权益。事实上，无论找的钱数是多还是少，这部分钱都应属于父母，一定要让孩子有这种意识，父母对金钱的态度不能太随便。

父母一定要有明确的教育意识。零用钱怎么给，给多少，什么时候给；孩子花自己的零用钱，父母要不要管，怎样管，这些都是学问。掌握得好，孩子就能渐渐提高理财能力；掌握不好，不仅孩子财商无法提高，还可能因此产生一些亲子矛盾。

孩子做家务，什么情况下给报酬

金钱不能成为孩子做家务的诱饵

孩子做家务，父母该不该付给孩子一定的零用钱？不少人都特别纠结"有偿家务"这件事：既想通过有偿机制让孩子了解挣钱需要付出劳动，让孩子懂得珍惜生活；又担心孩子习惯了被物质奖励推动，变得"唯利是图"，用金钱来衡量价值。其实这是一件很灵活的事情，无偿和有偿都要有，而且关键点不在于付不付钱，而在于父母对于孩子心态的把握，对于做家务给孩子的教育意义的把握。

父母让孩子做家务，不能以减轻自己的负担为目的，不能以金钱做诱饵，最重要的是锻炼孩子的劳动能力，培养他作为家庭一员的责任感，让他体会劳动的喜悦。

孩子到了五六岁或再大一些，父母就不要再包揽所有家务，而应该鼓励他做些力所能及的事，比如收拾自己的房间、自己洗袜子等，让他知道，做家务是每一个家庭成员的责任。孩子已经有了这些基本认识，父母可以告诉他，如果能再多分担一些家务，如浇花、倒垃圾、择菜、洗碗等，就可以得到零用钱。

> 有一位母亲平时对孩子凡事包办，造成他什么家务活都不会做，也不愿做。她知道这样不好，就想用零用钱来调动孩子的积极性。于是，她把所有家务活都明码标价：收拾桌子、洗碗、洗菜都定好不同的价格，孩子干什么活就给多少钱。这样一来，孩子虽然乐意做家务了，可是挑三拣四，只做自己认为性价比高的几种，并提议给其他定价"不合理"的家务活涨价。更让她始料不及的是，从那以后，孩子做什么都要先问价钱——帮忙接个快递要钱，给爷爷奶奶递一下老花镜也要钱。

孩子做家务，父母当然可以给一定酬劳，但这种教育必须得法，必须有所为有所不为。例子中的母亲出发点是好的，但她给零用钱的方式是简单又随意的，完全用利益去驱动孩子，这是不可取的。

让孩子体会劳动被认可的喜悦

孩子在做家务的时候，父母要细心观察，了解孩子心态的变化。父母必须对下面三个问题做到心中有数：一是孩子是否对自己劳动的成果产生了自豪感；二是他是否认真在做事，是否为了钱应付了事；三是父母的喜悦和感谢是否传达到位。对孩子来说，如果做家务得到父母的感谢和尊重，即使父母不付钱，他们依然会感觉到幸福，有一种天然的动力。父母只有了解这一积极动机，才能真正使用好这种有益的教育方法。

　　一个 6 岁的小女孩要零用钱，母亲提议："你来做家务赚取零用钱好吗？"小女孩听了非常高兴，点点头同意了。母亲想了想，递给她一块白色抹布，让她擦家具上的灰尘。小女孩兴奋得到处找灰尘擦，时不时把变脏的抹布递给母亲看，炫耀自己的劳动成果。母亲把抹布洗净、拧好，再交还给她。半小时后，小女孩把她能擦到的地方全擦了。母亲充满喜悦地感谢了她，小心地把五角钱放进女儿手心里。

　　小女孩握着有生以来自己赚的第一笔钱，高兴地蹦了起来。接着，她又缠着妈妈给她安排其他活儿，母亲把晾干的衣服全部取下来叫她帮助叠，然后就去做自己的事了。小女孩模仿母亲的样子，一边叠一边分类，每个人的内衣、外衣、裤子、袜子、毛巾、浴巾……等她叠完，母亲进到房间一看，惊呆了。只见一些衣物整齐地堆码在床上，分门别类，清清楚楚。母亲由衷地说："谢谢你，叠得非常好！"说完，又把一枚一元硬币郑重交给女儿。

　　后来，小女孩一直特别喜欢做家务，她并不完全是为了拿到零用钱，而是因为母亲真心赞赏她，让她体会到付出劳动后被认可的喜悦。

　　这位母亲非常有心，她叫女儿做的第一件事是擦灰尘，这是一件很容易看出劳动成果的事。叠衣服也一样，一件一件叠好放好，小女孩看到自己的劳动成果，很容易产生成就感。

　　如果孩子做家务时总是喜滋滋的，干完活总忙不迭请父母欣赏他的劳动果实，父母就不必担心孩子是被钱驱动的，这说明他真的从做家务的过程中享受到了自我的价值。

孩子干完活后，父母一定要记得说声"谢谢"。不仅如此，还要描述出孩子给自己或家庭带来的结果，比如："家具被你擦得这么干净，看着心情真舒畅！""幸亏有你，否则妈妈一定累得腰酸背痛！"总之，父母一定要强调结果，这样孩子才能明白自己的努力给父母带来多大的影响，增强他们的自我价值感。

主动、定量给孩子零用钱

在孩子 6 岁左右，父母就可以主动给孩子零用钱了，而且，一定要定期给、定量给，并随着孩子年龄增长而增加数目。每周一次或每两周一次，数额尽量与孩子的小伙伴持平。至于零花钱如何使用，应由孩子决定，父母不要过多干预。有的孩子一拿到钱就出去买零食、买玩具，花光后又来向父母要钱。这个时候，父母千万不能再给，因为是定期给零用钱，孩子必须忍耐到下一次发零用钱的时候。只有这样，孩子才能懂得过度消费带来的后果，从而学会对自己的消费行为负责。

每个孩子都渴望有自己的钱，希望拥有支配权。他们对自己的东西往往比别人的更珍惜。我有一个朋友就巧妙利用了孩子的这种心理，教会了女儿合理消费。

　　以前，朋友带女儿到超市时，孩子从来不看价格，只要自己想吃的、想玩的，统统扔进购物车，朋友讲了很多遍都无济于事。一次，丈夫接到紧急电话，没时间陪女儿去超市买东西，就给了女儿 10 块钱，让她自己到楼下小卖部去买，并说剩下的钱也可以归她。没想到，女儿什么都没买就回来了。夫妻俩很纳闷地问："为什么不买东西？"10岁的女儿一本正经地答："这个钱是我自己的，花了就没有了！"

朋友茅塞顿开，到银行给女儿开了一个账户，并把银行卡交给女儿，她每个月定量在这个账户存零用钱。把卡交给女儿的时候，她郑重地说："以后，你自己想买什么都要用卡里面的钱来支付。如果超了，只能自己想办法。"

这一招很灵，孩子意识到钱是自己的，花的时候就会有一点心痛，有一点舍不得，不会再像花父母的钱那样随心所欲了。从那以后，孩子一改无节制购物的风格，每次买东西前都精打细算，有时喜欢的东西多了，一下子决定不了到底买哪些，她还会列张清单，把想买物品的名称写上去，逐一排除。对于比较贵的东西，她也能延迟满足，忍住一般时间不花钱，等攒够了再去实现自己的愿望。

令父母忍俊不禁的是，她还动过父母"公款"的"歪脑筋"。比如再逛超市时，她好几次故意忘记带自己的卡，希望父母能慷慨一下，把自己一直想要的东西顺带买了。但父母都不上当："既然钱已经给你了，你想吃的零食、想要的玩具，就要自己付账！除非生日、节日，我们可以送你礼物，平时是不可以的。"

引导孩子合理使用零用钱

在花钱上，父母要给孩子一定限度的自由。其实孩子不缺吃、喝、穿，无非就是买点零食、玩具一类的东西。父母有时会嫌孩子买的东西不好，比如质量不好的小玩具、小饰物。出现这种现象是必然的，孩子一般很难辨别商品的好坏，只是根据自己的喜好购买。所以，这也是父母必须教给孩子的：每次孩子买来东西，父母不要急着批评或责备，而应该和孩子交流一下感受，问问他是否划算、满意，然后帮他分析一下这次消费是否合理、必要，让孩子自己总结经验教训。时间长了，孩子自然会练就货比三家、挑选物美价廉的商品的本领。

当然，孩子花钱也要在父母的适度监管下进行。如何监管呢？父母应该在开始给孩子零用钱时就约法三章，比如控制单次消费的最高限额，超过限额要征得父母同意；消费必须是正当的，如果把钱花在不恰当的地方，譬如竞选班干部时花钱买同学的选票等，父母就要减少或者暂停给零用钱。

父母还要鼓励孩子记账，培养数字观念。记账对于养成良好的理财习惯很有帮助，同时便于父母了解孩子的消费情况。

总之，要让孩子学会花钱，就要在生活中给孩子实际花钱的机会。父母主动、定期、定量给孩子零用钱，赋予孩子自己掌管钱财的权利并引导孩子合理花钱，他们会珍惜这一权利，有计划地花钱，形成正确的花钱观念。

压岁钱里的财商教育

告诉孩子压岁钱的含义

春节过后，孩子们见面往往都会相互询问压岁钱收了多少。一些压岁钱较多的孩子会因此沾沾自喜，那些压岁钱少的孩子则会颜面无光。这种攀比只会助长孩子的虚荣心，丝毫无益于他们的健康成长，有时甚至还会让孩子惹祸上身。某年春节期间，一名 10 岁的少年就是因为炫耀自己收到了 4000 元压岁钱，而被四个孩子围殴。

孩子因为压岁钱产生炫耀或嫉妒他人的行为，往往是家庭教育缺失的表现。父母首先应知晓这种在孩子中间存在的攀比风气，更应帮助孩子理解压岁钱的含义："压岁钱是长辈一种爱的表达，它既不是你自身努力的结果，更不能作为和同学攀比的内容。长辈对小辈的爱都是一样的，无论给多给少，都是他们的一片心意。因为钱多而骄傲，因为钱少而自卑，是无知而肤浅的表现。"

一些父母从未说明给压岁钱这一习俗的来历，使孩子产生一种误解，认为一到春节自己就理所应当"有一大笔收入"。也正因为如此，他们会心安理得地接受压岁钱，既不懂感恩，也不知节俭。父母应该告诉孩子："长辈给小辈压岁钱是我们的传统，包含着对你们的祝福和期待。如果不懂珍惜它们，把钱全用在吃喝玩乐上，压岁钱就失去了意义。"

压岁钱不能完全让孩子自由支配

　　曾经，微博上一则"'压岁妹妹'买豪车送偶像"的视频被网友疯狂转发：一个 10 岁的女孩，居然用 10 万元压岁钱给自己的偶像买了一辆汽车，而且准备在其演唱会上送出大礼，还说如果遭拒，就把车砸了。这段视频引起网络舆论一片哗然，大家纷纷质疑："她的家长干什么去了？"

　　同年，辽宁本溪一个 11 岁男孩和一个 8 岁女孩，揣着 3000 元压岁钱离家出走，同游泰山，害得家人和警察满城寻找，最终在火车站找到二人。

　　让没有经济能力、欠缺理财能力的孩子手持大量金钱，就好比让不会驾车的人开车上路一样危险。这些事情暴露出父母对孩子压岁钱的监管存在问题。从压岁钱完全被父母保管、代为支配，到现在有不少孩子自己"完全自由支配"压岁钱，前者代表了专制的家长作风，后者则是自由主义泛滥，两者都不甚妥当。

　　压岁钱的最佳处理方式应是：所有权归孩子，父母不能强行代管，但一定要对其进行监管。父母不妨教孩子用压岁钱理财，这样既能避免孩子乱花钱，又能为孩子将来的成长积累财富，一举多得。

　　父母可以带孩子到银行开立儿童账户，建议孩子把压岁钱存个定期，让孩子学会"强制储蓄"，使他明白"小钱变大钱"的道理。

　　此外，父母还可以趁着新年伊始，告诉孩子家庭有哪些"财政计划"。如果孩子同意，可以拿出一部分压岁钱用于购买家中一件大宗商品，如家具、电器；可以用来交纳孩子的学杂费或兴趣班的费用，增强孩子的家庭责任感。更值得推崇的是，可以鼓励孩子用压岁钱帮助弱势群体，如资助残疾人或贫困儿童等，培养他们的爱心。压岁钱是长辈对小辈的祝福，孩子也可以用这些钱再去孝敬长辈……无论怎么花，父母对孩子压岁钱的管理绝不能放松。

节俭教育：财商教育必修课

父母的金钱观和消费观影响孩子

孩子金钱观和消费观的形成，一是受家庭影响，二是受同龄人影响。而且，孩子越长大，父母的影响作用越小，同学和朋友的影响作用越大。父母要培养孩子正确的消费观和金钱观，一定要在他们小时候就注重节俭教育，通过言传身教告诉孩子勤俭持家、适度消费。

在孩子小的时候，父母对金钱是什么态度，父母的消费模式是怎样的，孩子都会照搬全抄。如果父母从来不知道节俭，不会合理花钱，经常冲动消费，孩子多半也大手大脚，花钱不懂节制；如果父母消费上追求名牌，追求高档，孩子往往也会"向高标准看齐"。

所以，父母一定要审视自己的消费观和消费习惯。现在很多年轻的父母没有节俭意识，尤其是一些"90后""00后"父母，他们从小几乎没有吃苦受穷的经历，过着丰衣足食的生活，容易提前消费和过度消费。他们自己花钱都潇洒随意，更不会教育孩子勤俭节约。在他们的意识里，节俭是早就过时的口号，是属于父辈的生活形态，自己和自己的后代会越过越好，根本用不着算计着过日子。还有一些小时候吃过苦的父母，自己的生活比较节俭，却很舍得在孩子身上花钱，"再穷不能穷孩子"，孩子想要什么都毫不犹豫地买，甚至虚荣攀比的不合理要求也会满足。这两种意识都会对孩子造成不好的影响。

再富不能富孩子

如果孩子想买什么父母都无条件满足，孩子长大后可能就会形成不可控的状态。一旦物欲没被满足，他们就容易感到不满和愤怒，这种价值观在社会上是没有竞争力的。

一个"富二代"上网发帖称：家中发生变故，现在只剩一栋房子、两辆轿车、5万元存款，这种生活实在过不下去了，想要跳楼自杀。因为习惯了挥金如土、纸醉金迷的生活，这个孩子的意志已被腐蚀，除了消费和炫耀，其他能力均已退化。

很多富裕家庭对孩子的教育是令人担忧的，尤其是财商教育，几乎是无管教的状态。中国有"创业维艰，守成不易"的古训，因为后代骄奢淫逸导致家道中落的例子不胜枚举。"富"家教毁孩子，更难出人才。父母希望孩子成才，就一定要放弃"再穷不能穷孩子"的想法，牢记勤俭持家、"再富不能富孩子"的原则。

花钱也要定"家规"

父母可以通过制定"家规"，帮助孩子形成有节制的消费意识和消费习惯，而且规矩一旦定下就不能轻易改变。比如，去商场之前先和孩子约好，只能买一样玩具，如果孩子这也要那也要，那就什么都得不到。这种规矩虽然简单，但很有必要，它让孩子知道买东西时不能随心所欲。

大家不妨试试"家庭会议"制度——除去购买周期很短的食物、日用品等日常消耗品，家里其他要添置的东西，每个家庭成员想买的物品（衣服、鞋帽、电子产品、文娱用具等），特别是一些价格较贵的物品，要在"家庭会议"上列出清单，全家一起讨论购买的可行性。

"家庭会议"会让孩子对花钱有比较理性和慎重的态度。如果父母事先没有任何规划，随随便便就带孩子去买很贵重的东西，孩子就会很自然地认为花钱就是这样随意，根本不需要考虑。"家庭会议"的另一个好处是，如果父母看到孩子要买的东西不太合理，就有很宽裕的时间去和孩子沟通，了解他们的想法，延迟满足或者劝说其放弃购买。

在家庭生活中，让孩子学会节俭的办法有很多。比如，父母可以向孩子公开家庭的财务状况。当然，如果家庭条件不是太理想，父母要注意不能过分强调财务的窘困，以避免孩子产生不必要的心理压力。

公开家庭财务有几个好处：一是让孩子感觉到父母把他当大人看，自然而然会产生家庭责任感；二是孩子会开动脑筋，提出自己的想法，帮助家庭实现理财优化；三是孩子一旦明白家庭的财务状况，就会体谅父母的辛劳，克制自己的一些物质欲求。

此外，让孩子当一段时间的"财务主管"也是可以的。父母可以和孩子进行角色对调，让孩子当几天家，家庭支出都从孩子手中拿，如买米买面、买肉买菜，交水费、电费、燃气费等。这样，孩子就能了解家庭的开销都在哪里。当家后的理财经验能让孩子学会换位思考，有利于孩子更客观地看待父母的决定。当他们产生一些消费需求时，他们自然能用客观、审慎的态度分析对待。

节俭是创造财富的起点

　　约翰·洛克菲勒是 19 世纪美国著名的十大财阀之一，垄断了美国的石油工业，富可敌国。如今，洛克菲勒家族仍稳居美国的大富豪阶层。为什么洛克菲勒家族历经 100 多年风雨，没有像大多数富豪之家那样走向衰落，能够逃出"富不过三代"的宿命？这与他们的家庭教育是分不开的。

　　洛克菲勒家族对子女在经济上一直"抠"得很。比如，孩子到了 7 岁，父母每周给 50 美分零用钱，11 岁每周给 1 美元，12 岁以上每周给 3 美元。这个家族每一个孩子都有小账本，他们必须记清每笔支出的用途，每周领钱时交给父母审查，如果钱账清楚，用途正当，父母下周会多给 5 美分，反之则减。

如此苛刻和"穷酸"，正是他们教育孩子的诀窍。洛克菲勒家族用这种办法培养孩子节俭、不乱花钱的习惯，逼迫他们精打细算，使他们学会当家理财。

　　拥有沃尔玛连锁超市的美国沃尔顿家族是世界上最富有的家族之一。与所拥有的巨额财富形成巨大反差的是，公司创始人山姆·沃尔顿生活十分简朴，对孩子也十分"抠门"。他从来不给四个孩子零用钱，而是让他们通过给家里商店帮忙挣钱，付的钱和普通工人一样多。孩子们什么都干，擦地板、修补漏雨的房顶、装卸货物。

　　山姆·沃尔顿用这种方法告诉孩子："天下没有免费的午

餐。"而且，他还动员孩子们将自己的零用钱变成商店的股份，教他们"以钱生钱"。结果，等到孩子们大了，每个人当初投入的微薄资金都变成了不小的初级资本。

节俭不仅是美德，更是积累和创造财富的手段。"小钱生大钱"、积少成多，节俭凝聚着永恒的理财智慧，是财富的起始点。

节俭是永不过时的。成由勤俭败由奢，止奢当自年少始！父母一定要把握好自己的消费观，不要"富养"孩子。对孩子"吝啬"一些、"小气"一些，就是对他们的未来负责。孩子只有体会到每分钱都来之不易，才能自觉自愿地节制欲望，不攀比消费，不过度消费，做金钱的主人。